Le stress,
cet ami caché

Éditions d'Organisation
1, rue Thénard
75240 Paris Cedex 05
www.editions-organisation.com

Dans la collection Rhinfo.com

Maurice THÉVENET, *Le management dans le bon sens*, 2003

Le code de la propriété intellectuelle du 1er juillet 1992 interdit en effet expressément la photocopie à usage collectif sans autorisation des ayants droit. Or, cette pratique s'est généralisée notamment dans l'enseignement, provoquant une baisse brutale des achats de livres, au point que la possibilité même pour les auteurs de créer des œuvres nouvelles et de les faire éditer correctement est aujourd'hui menacée.
En application de la loi du 11 mars 1957, il est interdit de reproduire intégralement ou partiellement le présent ouvrage, sur quelque support que ce soit, sans autorisation de l'Éditeur ou du Centre Français d'Exploitation du Droit de copie, 20, rue des Grands-Augustins, 75006 Paris.

© Éditions d'Organisation, 2003
ISBN : 2-7081-2969-4

Patrick BOUVARD

Le stress, cet ami caché

Éditions
d'Organisation

Présentation de la collection

Rhinfo.com est l'une des premières communautés de décideurs Ressources Humaines francophones. Créé en mars 1999 par la société Shared Value, le site n'a cessé de croître, dépassant à ce jour les 18 500 abonnés.

Sa politique éditoriale – s'accordant une liberté de ton et une transgression délibérée de la langue de bois – l'a vite démarqué, dans un univers habituellement feutré et plus soucieux d'opportunisme que de transparence.

Pour autant, son pragmatisme et son souci d'efficacité professionnelle allient constamment la perspective pratique à l'approche critique ; ce qui lui vaut d'être présent dans tous les secteurs et dans plus de 30 pays.

Ses travaux et recherches, dépassant largement ses articles journaliers, sont aujourd'hui mis à la disposition du grand public, dans des ouvrages concis, aisement accessibles et couvrant une large palette de sujets professionnels.

La « collection rhinfo » regroupera ainsi trois « veines » de styles différents :

- des recueils de chroniques, attenant à des thématiques d'actualité ;
- des fondamentaux, offrant une vision synthétique et pertinente des concepts ou pratiques les plus incontournables.

Le souci permanent de cette collection est en définitive une vraie gageure : joindre l'utile à la réflexion, le recul critique au pragmatisme opérationnel.

Sommaire

Avant-propos 1

Introduction 5
    Un thème d'actualité... une réalité croissante...
    une notion galvaudée 5

Première partie – Un éclairage de fond

Se comprendre... 15
    Qu'est-ce que le stress ? 15
        L'origine du mot 15
    La peur, le trac et autres cousinages 17
    Pourquoi sommes-nous stressés ? 23
        Les servitudes professionnelles 23
        Les contraintes opérationnelles 24
        Les difficultés relationnelles 24
        La complexité personnelle 24
    L'angoisse... une racine humaine 28

Le stress n'est-il qu'un ennemi ? 31
    Un facteur d'évolution 31
    L'intelligence émotionnelle 32
    Se réunifier sans cesse 33

S'adapter... 35
    L'adaptation : une force vitale 35

    Regarder les choses autrement 37
    La force du désir 39

Mieux vivre... 43
    Qui sommes-nous ? D'où venons-nous ?
    Où allons-nous ?... 43
        Identité et permanence 43
    Le « Moi », qui est-ce ? 45
    Peut-on « gérer » son stress ? 54
        Un concept ambigu 55
        Un moteur de développement 56
        Les conseillers ne sont pas les payeurs 57
    Le stress, mon ami caché 58
        Les conditions de base 58
        La conception du travail 60
        De la stimulation... à la motivation 61
        Être à l'écoute... 63
        Le dépassement de soi 66
        Une méthode pratique 68

Conclusion 71
        Brève synthèse 71

Deuxième partie – Méthode et outils

**Méthodologie d'appréciation et de suivi
du niveau de stress** 75
    Le « bilan stress », un outil d'appréciation
    et de suivi du niveau de stress 78
        Questionnaire 81
        Exemple de renseignement du questionnaire 85
        Comment interpréter ? 86
        Interprétation des résultats 87
        Interprétation individuelle 93

Mesure des causes objectives, selon l'intéressé 94
*Comparaison du résultat de l'intéressé aux collectifs
dans lesquels il s'insère* 95
Les graphes d'analyses comparées 96
*Graphe d'appréciation de son stress et de son évolution,
avec comparaison au collectif* 96
*Graphe d'analyse de la courbe de tendance
des signes de stress* 97
Synthèse des niveaux de stress de l'équipe 98
Évolution des niveaux de stress par catégorie 98
*Synthèse des catégories de signes pour l'équipe
(obtenue par moyenne simple des scores par catégorie,
sans coefficients)* 100

Épilogue 101

Ce qu'on ne vous dit jamais quand on parle du stress ... 101
Un besoin de reconnaissance 101
Des moyens sans précédents 102
Un échec apparent 103
Un dévoilement possible ? 104

Bibliographie 107

Index 109

Avant-propos

*« Si ton ennemi a faim, donne lui un poisson.
Si ton ami a faim, apprends-lui à pêcher. »*
Sagesse populaire

Le texte que nous vous présentons sur la gestion du stress se veut simple et clair, destiné à l'usage de tous, même s'il privilégie le domaine professionnel.

Comment ignorer, en effet, que le stress prend, dans nos existences quotidiennes, une place de plus en plus grande, pour ne pas dire oppressante ? Le « progrès » devait nous libérer d'un ensemble de contraintes pour nous permettre de vivre plus heureux, ou en tout cas moins sous pression… et, en réalité, le temps s'est accéléré, augmentant sans cesse autour de nous et en nous-mêmes des pressions de tous ordres. La possibilité et la capacité à « gérer son stress » sont plus que jamais d'actualité.

Néanmoins, la littérature existante sur le sujet est tellement abondante et complexe, chacun y allant de ses conseils, qu'il est parfois difficile de se faire une idée précise des tenants et des aboutissants de ce que d'aucuns appellent « le mal du siècle ».

Nous avons tenté de ne pas reproduire une fois de plus cet inconvénient, afin de ne pas ajouter à la confusion déjà ambiante. Notre approche, essentiellement synthétique, a pour intention de se greffer utilement sur le malaise existentiel possible de ceux qui peuvent avoir, à juste titre, des raisons d'attendre quelque chose de ce livre.

Pour bien entrer dans cette lecture, le lecteur doit donc préalablement considérer :

- que le texte ici proposé constitue une approche et une ouverture élémentaires sur la genèse du stress et ses « remèdes » envisageables ;

- que la question du stress présente, autant sur le plan théorique que pratique, un éventail de notions qui est tellement large qu'il n'est évidemment pas possible ici de prétendre à une quelconque exhaustivité ; nous nous limiterons donc, dans le cadre de la simplicité annoncée, à combiner ce qui nous a paru être à la fois l'essentiel et l'utile. Nul ne doit donc s'attendre, par exemple, à un exposé systématique de tous les facteurs susceptibles de provoquer un stress, ni à l'explication complète des réactions qu'il entraîne dans les mystérieuses combinaisons du corps et de l'esprit, ni à l'énumération des multiples thérapeutiques proposées ;

- qu'il s'agit d'une réflexion de fond sur la question du stress et sur ce qui est envisageable pour l'intégrer au mieux dans son existence, et non d'un livre de recettes dont on pourrait attendre une action salvatrice providentielle ! Certains ouvrages ont cette prétention ; nous n'avons pas l'intention de les paraphraser ;

- que les notions et conseils ici développés doivent être intégrés, pour les comparer, à sa propre expérience du stress, tant il est vrai que le conseiller n'est pas le payeur ! L'idée – très modeste – est de donner des moyens d'une prise de conscience

Avant-propos

et de recul qui permette d'envisager autrement cette dimension incontournable de la vie moderne.

C'est la raison pour laquelle nous n'avons donné que peu d'exemples ou de situations vécues par d'autres – au contraire de ce que serait une publication livresque ordinaire –, préférant laisser au lecteur le soin d'y projeter le ressenti de ses propres expériences.

La dimension intimement personnelle de notre réaction au stress en fait à chaque fois une histoire unique qui ne saurait être nivelée dans une casuistique confuse ou une méthode miracle universelle. Ce n'est en effet pas la description laborieuse de cent cinquante mille cas différents qui éclaire quoi que ce soit de ce qu'il en est du stress, pas plus qu'on n'apprend à le gérer « en dix leçons » !

Nous invitons donc le lecteur à nourrir ce livre de ses propres exemples, se l'appropriant alors de façon circonstanciée et pertinente. Nous lui souhaitons ainsi bonne lecture !

Introduction

Un thème d'actualité... une réalité croissante... une notion galvaudée

> « *Productivité, compétitivité, rentabilité, performance, compétition, concurrence mondiale, délocalisation, dégraissage, chômage, faire plus vite et mieux avec moins de moyens, la machine s'emballe... À peine libérés des tabous et des carcans, nous nous inventons de nouvelles barrières : le stress et l'irréalité.* »
> Alain Kerjean

Il n'est personne qui tôt ou tard n'ait eu recours au terme de « stress » pour décrire, chez soi ou chez un autre, un état généralement désagréable ou, au contraire, source d'un certain plaisir (parfois même alors recherché dans toutes ses sophistications), avec des manifestations organiques et psychologiques souvent difficiles à cerner.

« J'ai été stressé », « je l'ai stressé », « ça a été un stress important », etc. Outre que le verbe « stresser » n'existe pas dans le dictionnaire, le terme de « stress » est employé, à tort ou à raison, dans des sens multiples, qui vont de l'émotion passagère ou de l'attente anxieuse à des perturbations beaucoup plus profondes liées à la fois à l'importance de la cause et aux modes de réaction du sujet. Il est ainsi souvent utilisé à la place de mots tels que peur, trac, angoisse, émotion, crainte, panique, phobie, inquiétude, etc.

Depuis de nombreuses années, cette notion a pénétré la culture d'entreprise, donnant lieu à une prise de conscience plus générale – mais pas toujours très approfondie – de l'étendue du problème et de ses conséquences. Cela nous conduira à envisager les moyens possibles ou souhaitables pour gérer le stress, si tant est que l'on comprenne bien ce dont il s'agit dans ce type de « gestion ».

D'autres phénomènes d'actualité nous ont également poussé à traiter ce thème : l'apparition d'autres pathologies (troubles musculo-squelettiques, par exemple), l'inquiétude croissante des médecins du travail, les problèmes de l'adaptation de chacun aux progrès et aux innovations qui ne cessent de s'accélérer.

Notre intention n'est pas ici d'être alarmiste, bien au contraire ! Mais nous pensons qu'une lucidité sur notre réalité quotidienne est la première des conditions pour assumer les aléas qui ne manquent pas d'y survenir et qui sont toujours cause... de stress !

Tout homme, en effet, a besoin d'éprouver la permanence d'une certaine « image » de lui-même qui lui assure dans le temps et l'espace la sécurité d'une base stable, relativement constante, base à laquelle il puisse référer sa pensée et son action (comme sur le plan physique, par exemple, « l'homéostasie » vise à maintenir une constance du milieu physiologique intérieur, de la température, de la glycémie, etc.).

Mais il peut y avoir conflit entre cette stabilité recherchée et la nécessité de devoir parfois y renoncer, d'en accepter l'altération ou le changement, par exemple dans l'adaptation constante à laquelle l'homme est tenu pour arriver à faire face aux exigences signifiées par les autres ou imposées par les environnements multiples. Que de domaines où l'on fait maintenant précéder systématiquement le nom de l'adjectif « nouveau » : nouvelles technologies, nouvelle économie, entreprise nouvelle, nouveaux moyens de communication, etc.

Toute coupure, toute rupture, tout risque qui viennent mettre en danger ou, a minima, remettre en question ce « soi-même » (soi, le même) auquel on accorde notre identité (dont la « carte » vient précisément signifier ce qui ne change pas), peuvent être sources de stress.

La gestion de ce déséquilibre, quand il apparaît, pose autant de questions que ce qu'on pourrait appeler justement la « gestion » de soi-même, de sa vie, de ses désirs, de ses déceptions, de ses projets, voire de sa fortune, etc. Il n'est donc pas possible de négliger la dimension de la personne et aucun homme ne ressemble à un autre dans les modes de cette gestion. On ne peut donc pas dire que tel événement a traumatisé dix personnes, mais plutôt dix fois **une** personne, et chaque fois de manière propre.

Les problèmes sont différents, selon le point de vue où l'on se place pour les aborder :

- en premier lieu, l'ambiguïté de la préposition dans « la gestion **du** stress » peut faire poser la question de savoir si c'est nous qui gérons le stress ou si c'est le stress qui nous gère. Il y a obligatoirement une coexistence des deux dans ce qu'on pourrait considérer comme un conflit, car si le stress n'arrivait pas à s'imposer, c'est que nous en serions les maîtres et le problème de la gestion serait résolu !

- ensuite, il peut s'agir de la gestion de son propre stress, dans l'acuité de sa survenue, avec tous les moyens auxquels on peut avoir recours pour l'intégrer dans sa vie avec le moins de dommages possibles. Si le stress est prévisible, les conduites d'évitement peuvent avoir une relative efficacité.

Mais il arrive aussi que le stress soit recherché pour lui-même, et l'on peut envisager là deux perspectives :

- soit dans le but de retrouver une jouissance éprouvée dans certaines situations stressantes (c'est le cas, par exemple, de certains parieurs ou joueurs, des amateurs de la peur du suspense ou des films d'horreur, ou encore de celui qui aime les situations de risque, même vital) ;
- soit dans un but d'entraînement ou de conditionnement, pour s'habituer à tel stress prévisible, parce que caractéristique d'une profession, et mieux le « neutraliser » dans le futur lors de sa survenue, comme une vaccination apprend à l'organisme à mieux se défendre contre une bactérie ou un virus qu'elle lui a appris à connaître.

Enfin, la question peut se poser de la gestion du stress d'autres personnes, et il y a, là aussi, plusieurs perspectives :

- il peut s'agir d'aide ou de thérapeutique, par exemple dans l'assistance psychologique mise en place après les grandes catastrophes ;
- il peut s'agir de mettre un sujet ou un groupe, une équipe, en situation de stress dans une visée positive de stimulation et de rupture d'une éventuelle routine (dans ce cadre peuvent entrer tout simplement les changements d'horaires, de poste, d'équipe, de lieu de travail, etc.). De même, les expériences de mises en danger d'un groupe dans le but de le « souder » sont bien connues. Dans tous les cas, les résultats sont difficilement calculables *a priori*.

Introduction

- mais on peut aussi avoir recours au stress pour déstabiliser, voire « détruire », une personne (l'amener à démissionner, par exemple, ou, dans d'autres contextes, procéder à son éducation idéologique). En général, un certain harcèlement est là nécessaire pour être efficace et l'on raconte même qu'on peut s'y former !

- enfin, l'utilisation du stress pour tester les aptitudes et les capacités d'un sujet dans une situation difficile ou inhabituelle ne donne pas toujours des résultats probants, d'autant que, d'une part, ce « jeu » peut être vite reconnu pour ce qu'il est : artificiel et éventuellement un brin sadique, et que, d'autre part, la personne qui « craque » n'est pas forcément la moins capable.

Il s'agit aussi, dans l'entreprise, de chercher un juste milieu entre les deux extrêmes que seraient d'une part l'immobilisme sécurisant mais improductif (du type : s'endormir sur ses lauriers) et d'autre part ce qui peut être source de risque mais aussi de créativité, donc à doser et nuancer avec sagesse :

- la stimulation incessante de l'insatisfaction ;

- le gommage permanent de « ce qui vient d'avoir été »… pour ce qui est à inventer ;

- des exigences toujours nouvelles (sur la disponibilité, les horaires, la mobilité, etc.) liées à la productivité et à la concurrence (nous sommes en « guerre ») ;

- sans oublier, au fond, la recherche du pouvoir absolu, du « monopole », comme l'illustre la multiplication des fusion-acquisitions – ou du moins leurs tentatives permanentes, plus ou moins heureuses – telles que nous les avons observées ces dernières années.

Dans la succession des chapitres, nous tâcherons de mieux cerner ce qu'est le stress et la manière dont il agit en nous. Nous verrons que la réponse de fond réside dans une capacité d'adaptation qui peut se structurer en amont. À cette lumière, nous comprendrons enfin comment il est possible de trouver des voies pour mieux vivre le stress… et la vie tout court !

Quelques descriptions cliniques permettront de mieux appréhender les effets et conséquences du stress, les moyens d'y faire face, les dangers possibles.

Un questionnement de fond éclairera les incompréhensions spontanées qui font que nous subissons le stress au lieu de nous en servir comme d'un allié, d'un **ami caché.**

Si les techniques sont nouvelles, en effet, si le progrès est inouï et sans commune mesure dans son développement au cours des cent dernières années par rapport aux siècles antérieurs, l'homme est-il lui aussi « nouveau » ? A-t-il fait lui-même, intérieurement, les « progrès » nécessaires pour être préparé à assumer ces prodigieux changements et ce qui semble approcher maintenant le hors limites (Ne parle-t-on pas de la suppression du temps et de l'espace) ? Un court abord de certaines notions de psychologie sera nécessaire pour essayer de trouver des éléments de réponse à ces questions.

Cependant, notre conviction est que, s'il est possible de tracer quelques lignes communes à tous pour faire face au stress, il revient à chaque personne de trouver le chemin qui lui correspond pour le transformer d'un handicap… en un tremplin ! En cette matière, il n'est point de règles ou de méthodes – fussent-elles initiatiques – qui puissent assurer à l'individu la sérénité de son existence et l'assurance du succès. Par contre, la meilleure compréhension de la manière dont nous « fonctionnons » nous semble de nature à aider chacun à s'orienter dans sa recherche. Et nous faisons nôtre ici ce propos d'Einstein : « *Si un homme s'est rendu maître des principes fondamentaux de son sujet et a appris à travailler d'une manière indépendante, il fera sûrement son chemin et sera, en outre, mieux capable de s'adapter aux progrès et aux changements* ».

Les pages qui suivent n'ont d'autre finalité que d'apporter une pierre à l'édifice, c'est-à-dire à la compréhension que chacun a de lui-même : c'est là, en effet, que se porte le stress.

première partie

Un éclairage de fond

Se comprendre...

*« Quand l'homme essaie d'imaginer le Paradis sur terre,
ça fait tout de suite un enfer très convenable. »*
Paul Claudel

Qu'est-ce que le stress ?

L'origine du mot

La notion de stress paraît de prime abord évidente : le terme est largement utilisé pour parler, en fait, de troubles très divers dans leur origine et leurs manifestations. C'est pourquoi nous tenterons tout d'abord de préciser son sens avant de situer cette notion par rapport à d'autres, telles que la peur, l'angoisse, l'anxiété, l'inquiétude, etc.

Anglicisme apparu en France vers les années 1950, « stress » signifie en anglais « effort intense, tension ». Il n'est pas indifférent de savoir qu'il désigne initialement la contrainte exercée sur un matériau et qu'on parle de « stress » quand la contrainte est excessive ou que le matériau est « fatigué », qu'il y a par conséquent risque de déformation, voire de rupture. Cela peut déjà nous interroger sur le sens et l'opportunité de la transposition de ce terme de mécanique à l'homme…

Dans son sens actuel, le stress désigne l'ensemble des réactions consécutives à une agression. Il dépend à la fois de l'agressivité de l'agent causal et des effets qu'il détermine. Ces derniers sont de deux types :

- spécifiques, c'est-à-dire propres à l'agression et au sujet qui en est victime ;
- non spécifiques, c'est-à-dire susceptibles de se produire de façon identique chez de nombreuses personnes, malgré la diversité des formes d'agression, sous la forme de ce qui a été appelé le **syndrome général d'adaptation.**

> Le stress est la réponse de l'homme aux facteurs d'agression organiques et psychologiques ainsi qu'aux émotions (agréables ou désagréables) qui provoquent la rupture d'un équilibre antérieur et nécessitent, de ce fait, une adaptation.

Le terme de « stress » peut désigner, dans le langage courant, à la fois l'agent responsable, la réaction à cet agent et l'état dans lequel se trouve celui qui réagit.

Plusieurs autres notions se rapprochent du stress. Elles sont très voisines et peuvent se recouvrir, se renvoyer les unes aux autres, voire être presque synonymes, mais nous tenterons de les différencier :

- angoisse, peur, anxiété, crainte, inquiétude, trac, choc, émotion, etc. ;
- sous une forme plus argotique ➜ frousse, trouille, pétoche, « les avoir à zéro », etc. ;
- sous une forme plus imagée ➜ avoir les « jambes coupées », « les bras m'en sont tombés », « ça m'a coupé le souffle », « j'en suis resté coi », etc.

Tous ces mots traduisent des sentiments, des sensations qui, comme le stress, entraînent au moment de leur survenue, à un degré plus ou moins accentué, des manifestations d'ordre comportemental et physique :

- inhibition pouvant aller jusqu'à la paralysie ;
- ou au contraire agitation, conduites de fuite, insomnie, tremblements, accélération du pouls, difficultés respiratoires, sensation de constriction thoracique, sécheresse de la bouche, manifestations intestinales diverses, etc. ;
- on a pu y rattacher aussi l'apparition de lésions physiques authentiques et plus ou moins durables, telles que l'ulcère de l'estomac, les maladies de peau, les coliques néphrétiques, etc., de même qu'un choc, quel qu'il soit, peut déclencher un accouchement prématuré.

Tout ceci veut dire que, même si nous nous attachons davantage au domaine psychologique de ces différents troubles, corps et esprit ne sont pas séparables, comme nous l'avons déjà vu, et que le premier peut parfaitement « parler » à sa manière.

La peur, le trac et autres cousinages

La **peur** se caractérise par un objet précis ; on a toujours peur « de » quelque chose (au sens large : peur du maître, des animaux, des voitures), d'une situation (peur de l'obscurité, de la rencontre de l'inconnu) ou d'une représentation, d'une pensée (peur d'un examen, de l'échec, du cancer, d'un accident possible). Elle ne se résorbe qu'avec la disparition de la menace ressentie.

Presque synonymes de peur, mais signifiant un degré différent d'acuité, sont employés les termes suivants :

- la **frayeur** ➜ « grande » peur, due le plus souvent à une apparition soudaine et de durée généralement courte : « Tu m'as fait une grande frayeur ! ».
- la **panique** qui est une peur subite et incontrôlée devant une situation de danger réel ou imaginaire. « Quelqu'un ayant crié au feu, la foule céda à la panique ». De déclenchement souvent imprévisible, la panique peut donc être collective, et le manque de contrôle se marque dans le fait qu'on y cède et qu'alors, on n'est plus maître de son agir.
- la **terreur** est une peur panique accompagnée de troubles intenses, parfois prolongés (comme on peut le voir dans les terreurs nocturnes des enfants, souvent difficiles à apaiser). On peut y rattacher l'**effroi**, qui en est pratiquement synonyme, et l'**épouvante** qui marque la soudaineté de la terreur. Être « frappé » de terreur ou « paralysé » d'épouvante marquent l'acuité du trouble.

Toujours dans le contexte de la **peur**, mais avec un degré moindre d'intensité, on parle de :

- la **crainte** qui correspond plutôt au fait de redouter telle personne, tel objet ou telle situation prévue ou possible (« Je crains qu'il ne vienne pas ») ou d'y être particulièrement et désagréablement sensible (« Je crains le fromage » !).
- l'**appréhension** qui est une crainte vague, difficile à préciser, mais survenant en général à propos de la représentation d'un futur prévu ou prévisible (« J'appréhende ce voyage, cet examen, cette rencontre »).
- l'**inquiétude** qui correspond davantage à l'état dans lequel le sujet est mis par la crainte ou l'appréhension.

- **l'anxiété** qui traduit le plus souvent un état d'incertitude devant l'avenir, devant l'inconnu. Ce terme est souvent utilisé aussi comme synonyme d'angoisse.

Enfin, la peur peut surgir de manière plus spécifique et répétitive, uniquement en présence d'un objet ou d'une situation particulière. Elle s'accompagne alors d'angoisse et l'on parle de **phobie** : phobie des chiens, phobie d'être dans un espace clos (claustrophobie) ou, au contraire, dans un espace très large (agoraphobie). C'est une entité très précise, encore appelée « **hystérie d'angoisse** » par les psychanalystes. Le mode de réaction du sujet consiste essentiellement en une prévention par évitement de la source (le claustrophobe évitera à tout prix l'ascenseur) ou en une fuite devant l'agent provoquant l'angoisse. Des manifestations de cet ordre existent *a minima* chez de nombreuses personnes, sans que la vie courante en soit altérée, les sources les plus communes étant par exemple les araignées, les souris, les serpents, certains aliments, ou encore le fait d'être bloqué dans un long tunnel routier, etc.

Chacun sent très bien les nuances attachées à ces différents états pour les avoir ressentis un jour. En fait, ils ressemblent, à un degré plus ou moins accentué, à celui que l'on peut décrire à propos du stress. C'est sans doute la raison pour laquelle ce terme est souvent utilisé à leur place à notre époque, plus souvent d'ailleurs pour en décrire les effets : « J'ai eu peur et ça m'a stressé ».

Si l'agent causal semble se situer le plus souvent dans une réalité extérieure au sujet, les réactions provoquées sont évidemment reconnues comme intérieures à moi, mais en même temps aussi comme si elles venaient d'un « ailleurs » qui m'est comme étranger et sur lequel me manque une maîtrise : « Je ne peux m'empêcher d'avoir peur », « Je ne sais pourquoi je m'inquiète de tout », « C'est plus fort que moi… ».

Je peux avoir une certaine influence sur les réactions que je ressens, par quelque moyen qui m'est propre, mais il m'est strictement impossible de les empêcher d'exister, ce qui veut dire qu'elles viennent d'un domaine intérieur que je ne contrôle pas, et qui sera le lieu de « l'angoisse ».

La théorie

Sur le plan historique, c'est Selye, un médecin canadien, qui a conféré au stress la popularité qu'il a de nos jours. Il avait été frappé du fait que l'organisme réagissait de manière assez identique à des agressions de tous ordres, et il l'a observé surtout à propos d'agressions physiques : chocs des brûlés, choc hémorragique, choc opératoire, etc. Il a ainsi pu rassembler suffisamment d'observations de ce type pour pouvoir en faire une synthèse de manière plus étendue en leur donnant le nom de **syndrome général d'adaptation,** avec trois phases cliniques :

- d'alarme : choc, stupeur, chute de la tension artérielle, accélération du pouls…, le tout suivi d'une phase de contre-choc avec amélioration des signes précédents ;

- de résistance, dépendant de l'intensité de l'agression et de la « mise en marche » de mécanismes à la fois nerveux, hormonaux, et immunitaires sur lesquels nous n'insisterons pas (et à quoi peut correspondre dans le langage courant la fameuse « décharge d'adrénaline ») ;

- d'épuisement possible, si les mécanismes précédents sont insuffisants ou carencés.

Se comprendre...

Il est évident que toutes les agressions auxquelles peut être soumis l'homme n'entraînent pas toutes les réactions décrites ci-dessus dans leur caractère de gravité, et les capacités d'adaptation sont variables chez chacun. De la même manière, tous les stimuli qui « dérangent » l'homme ne sont pas nécessairement mauvais, et Selye a lui-même proposé les termes d'eustress et de dystress, pour désigner le bon et le mauvais stress, le premier stimulant, le second désorganisateur et inhibant.

On voit que, si Selye parle surtout d'agressions d'ordre physique, sa description concerne avant tout aussi essentiellement les désordres organiques que peut engendrer un stress.

Mais ce sont plus spécialement les agents traumatiques d'ordre psychologique qui nous intéresseront pour les réalités que l'on peut en observer dans les entreprises, de même que la transcription de leurs effets en nous.

Ceci ne doit pas faire oublier que, dans ce domaine comme ailleurs, on ne peut qu'artificiellement séparer corps et esprit. Chacun sait que le choc subi par un sujet qu'on ampute, par exemple, peut venir autant de l'atteinte ressentie de l'intégrité corporelle que de l'agression chirurgicale en elle-même.

Dans cette perspective psychologique, on a décrit aussi des troubles suffisamment fréquents dans leur association pour qu'on les isole sous le nom de **stress post-traumatique**. Sa description clinique n'est pas inutile car on retrouve fréquemment ce genre de troubles, plus ou moins isolés, dans nombre d'états réactionnels à des agressions.

L'état de stress post-traumatique, encore appelé névrose post-traumatique, est dû à un stress environnemental majeur associé à de nombreux autres facteurs : la soudaineté et le caractère inattendu du stress (*cf.* le 11 septembre à Manhattan..., ou l'usine AZF à Toulouse..., ou tous les désastres plus naturels...), la brutalité des scènes (guerre par exemple), les traumatismes corporels associés (notamment crâniens), l'existence et la qualité du support social. On peut voir aussi l'apparition de ce syndrome après des stress plus prolongés et chroniques, engendrés par des traitements inhumains (tortures, atrocités des camps de concentration).

Cet état se caractérise avant tout par la reviviscence du traumatisme originaire, soit diurne, comme si le sujet y était à nouveau soumis et le revivait, soit nocturne sous forme de cauchemars, le tout sur un fond d'anxiété chronique et d'hyper-vigilance, avec parfois des difficultés de concentration et de mémoire. Les sujets sont irritables, agités, toujours sur le qui-vive, ne se sentent plus « comme les autres » et certains peuvent trouver une solution à leurs troubles dans l'alcool ou la drogue.

Nous prendrons l'exemple concret d'une personne qui avait été particulièrement traumatisée par un tremblement de terre survenu à l'île de Ré, et surtout par le grondement souterrain qui l'accompagnait. Elle disait avoir depuis une vie très difficile, la sensation de n'être plus la même, d'avoir changé de caractère. Assez souvent, de jour comme de nuit dans les moments d'insomnie, l'idée s'imposait, à l'exclusion de toute autre et dans une attente quasi paralysante, que ça allait recommencer dans l'instant suivant, le tout renforcé par tout bruit qui puisse se rapprocher du « grondement » (démarrage d'une moto, ou bruit « sourd » du diesel d'un bateau, selon ses propres exemples) ; cette personne avait notamment modifié toute la disposition de son appartement et de son lieu de travail (profession libérale), supprimant certains meubles sur le trajet de sortie pour laisser libre l'itinéraire d'une fuite éventuelle, espaçant ses clients, repoussant parfois des rendez-vous dans les moments de « crise », sans être cependant obligée de suspendre ses activités.

Cet exemple n'a d'autre but que de mettre en évidence les perturbations profondes et inattendues que peut provoquer un stress chez une personne jusque-là très équilibrée et sans problèmes aux dires de son entourage familial (nous ne parlerons pas des répercussions que ce dernier en a subies). Disons enfin que de nombreux mois ont été nécessaires pour voir s'atténuer les troubles dont il ne resterait plus maintenant qu'une instabilité émotionnelle qui n'existait pas auparavant.

Cet exemple veut souligner qu'on ne peut jamais prévoir les conséquences d'un stress, et qu'il faut peut-être y regarder à deux fois avant d'utiliser ce moyen auprès des autres, quelle que soit la finalité recherchée.

Pourquoi sommes-nous stressés ?

Le stress correspond en général à un événement extérieur dont la survenue, ponctuelle ou répétée, peut entraîner des réactions physiques et psychologiques ressemblant à un choc, réactions essentiellement variables d'un sujet à un autre. Mais cette dimension d'extériorité apparente par rapport à soi-même peut être relative, comme peut l'indiquer, par exemple, le terme d'« émotion », d'« émoi », dont le sens, « en dehors de moi », peut faire penser que la source en est dans un ailleurs... qui est en moi-même !

Dans une revue des éléments les plus habituels qui peuvent constituer un stress, soit dans leur survenue isolée, soit par leur aspect répétitif, nous avons choisi de distinguer artificiellement plusieurs niveaux, ci-après.

Les servitudes professionnelles

Les facteurs directement liés aux servitudes de la profession exercée seraient d'un recensement inépuisable s'il voulait être complet. Citons cependant : la fatigue physique et son retentissement en dehors du travail ; les risques liés à la nature du travail ; les trajets quotidiens difficiles ; les horaires contraignants ; le rythme de travail, etc.

Le boulanger prend son travail très tôt, dans la nuit, le cuisinier travaille aussi les week-ends et les jours de fête, le routier doit circuler par n'importe quel temps, de jour comme de nuit, assurer une livraison à l'heure voulue, et peut ne rentrer chez lui qu'un ou deux jours par semaine, le transporteur de fonds risque sa vie, le banlieusard doit faire face aux bouchons quotidiens de la rentrée dans la capitale, etc.

Les contraintes opérationnelles

Certains facteurs sont liés aux contraintes de la fonction et des objectifs en jeu qui y sont liés : la réussite d'un projet, ou d'un contrat, conditionne parfois beaucoup de choses, et la responsabilité portée est source de tension, d'autant qu'un *timing* très serré accompagne souvent les grands enjeux. La pression constante des opportunités et des risques et leur évolution au quotidien peut finir par occuper tout le champ de conscience, de jour comme de nuit. La simple quantité des choses à penser en un temps contraint peut même être source de stress.

Les difficultés relationnelles

Certains facteurs sont dépendants des relations humaines, que ce soit dans la réalité du travail ou dans les conditions imposées à la personne pour exercer ce travail. Ces sources de stress sont plus généralement d'origine conflictuelle : ambiance de l'équipe, acceptation ou rejet, brimades, travail dans la solitude, possibilités ou non d'expression personnelle, rapports avec les supérieurs hiérarchiques, rapports avec ses subordonnés, etc. Nous laisserons à chacun le soin de trouver là des exemples… !

La complexité personnelle

Certains facteurs viennent de « Moi » ; ils se présentent généralement sous forme de fantasmes auxquels je suis d'ailleurs le plus souvent habitué parce qu'ils ont tendance à se répéter sous la même forme (voir la « stabilité » du Moi). Ils sont liés à la réalité telle que j'ai l'habitude de l'appréhender : peur de ne pas être à l'heure, de ne pas bien faire, de n'être pas « à la hauteur », d'être mal aimé, non respecté, souci du moindre bobo (est-ce un cancer ?!), appréhension d'une rencontre, de ce qui est nouveau et donc inconnu, etc.

Se comprendre...

La distinction entre ces quatre séries de facteurs est quelque peu artificielle car ils sont en fait tous enchevêtrés les uns aux autres. Les servitudes du travail peuvent être mal supportées, par exemple, parce qu'il existe une ambiance conflictuelle ; de même que des difficultés relationnelles authentiques peuvent se compliquer de fantasmes personnels aggravants, surtout s'ils surviennent alors que l'enjeu professionnel est important.

Mais il faut aussi tenir compte des réactions que « je » peux avoir à l'éprouvé des facteurs précédents, car, encore une fois, il n'est pas deux personnes qui puissent réagir de manière identique à un événement, à une situation. Personne ne peut dire comment il se comporterait s'il était pris en otage, dans une grande catastrophe, un attentat, ou s'il réchappait d'un accident avec de lourdes séquelles.

Il n'y a donc pas, à notre sens, de gestion du stress qui pourrait s'appliquer universellement, de manière univoque, telle une recette, comme tel antibiotique est efficace dans telle maladie.

En effet, bien au-delà de ces causes « objectives », pourrait-on dire, nous sommes renvoyés à notre structure intérieure et subjective et à l'angoisse qui nous est « connaturelle ».

L'agression dans son implication psychologique

Toute agression ou maladie de l'organisme est susceptible d'entraîner des réactions de stress, nous l'avons dit, y compris l'annonce d'une maladie grave jusque-là sans manifestations, par exemple. Mais, sur le plan psychologique, les difficultés qui peuvent assaillir le sujet humain dans son fonctionnement quotidien sont multiples et une adaptation constante est nécessaire, même si elle sera différente pour chaque personne : il est évident que l'incendie d'une maison n'entraînera pas les mêmes réactions chez son propriétaire, chez le simple spectateur et chez le pompier qui a charge de l'éteindre ; ou qu'une agression physique pourra être mieux supportée chez un judoka, par exemple !

Pour la commodité, on pourrait différencier les sources de stress selon d'une part qu'elles sont accidentelles et donc ponctuelles dans leur « surgissement », et d'autre part selon qu'elles sont plus « habituelles » et répétées, en ce sens qu'elles font davantage partie intégrante de la vie de tous les jours, notamment sur le plan professionnel.

Nous n'insisterons pas sur les premières, car chacun peut avoir l'exemple vécu d'une situation de ce genre (accident, perte d'un être cher, etc., sans compter que des événements « heureux » peuvent aussi faire choc : gagner le gros lot du Loto, par exemple).

Pour les secondes, on peut presque considérer le stress comme faisant partie intégrante de l'existence quotidienne, ce qui peut inciter aussi à mettre en cause ce qu'on appelle la « vie moderne ». Certains diront qu'il faut vivre avec son temps et que cette vie n'est ni plus ni moins que la reproduction de ce qui a déjà existé dans le passé et qu'il n'y a rien d'exceptionnel et de nouveau dans le vécu de notre actualité.

Il n'en reste pas moins qu'il ne faut pas négliger la dimension de répétition des « petits » stress de cette vie moderne qu'on reconnaît comme d'une « trépidation » qui va se renforçant, y compris et surtout dans l'activité professionnelle. Même apparemment minimes, ces stress peuvent aussi sournoisement entraîner à la longue un syndrome d'épuisement, et/ou au contraire constituer une véritable insensibilisation (comme on disait que les enfants du Viêt-nam en guerre arrivaient à ne plus se soucier des alertes et des bombes...).

Mais il semble que la nuance péjorative qui reste en général implicitement attachée à cette « vie moderne », accompagnée parfois d'un certain regret d'une époque où l'on « prenait le temps de vivre », est plutôt liée en général aux conséquences négatives des progrès considérables réalisés, notamment depuis le début du XXe siècle par rapport à ceux (plus lents et plus « progressifs », donc plus aisément assimilables) des temps antérieurs. L'ère atomique, l'informatique, la robotique, la génétique, les technologies de l'information et de la communication, pour ne citer qu'eux, ont pu rendre à l'homme d'incontestables services, mais chacun connaît – ou connaîtra – les revers possibles de toutes ces médailles :

Se comprendre...

- Par exemple, les progrès de l'informatique sont tellement faramineux qu'ils mettent l'homme dans l'obligation d'un renouvellement sans fin, tant sur le plan de son adaptation personnelle aux changements techniques que sur celui du matériel. Cette véritable pression n'a pas toujours que des conséquences positives et on peut voir par exemple des personnes inquiètes, voire désarçonnées, parce qu'on leur impose « encore » un changement de logiciel.
- Internet permet de se connecter au monde entier en « temps réel », mais cette immédiateté supprime un recul et une réflexion qui pourraient s'avérer bénéfiques. On sait aussi les excès qu'un contrôle difficile des sites peut entraîner, de même qu'on peut se retrouver cette fois dans les temps plus anciens avec la pratique du « piratage » ! Il y a toujours une certaine rançon à payer au progrès.
- Les progrès de la communication médiatique sont comparables aux précédents. Mais s'il est bien, par exemple, d'être au courant, à la minute près, de tout ce qui se passe dans le monde, la multiplicité des catastrophes (il est plus rare qu'on parle de « ce qui va bien » !) finit par introduire souvent chez l'auditeur ou le spectateur une banalisation des faits et une insensibilité qui deviennent indispensables pour supporter tous les flashs qui pourraient, chacun, représenter un stress. Est-ce un bien ou un mal de s'habituer aux attentats, à l'inhumanité des guerres, aux agressions multiples et quotidiennes, etc. ?

Notons en particulier, sur le plan de ce qui peut constituer un stress, l'investissement considérable de l'imaginaire visuel : outre que la prégnance de la télévision arrive parfois à une diminution sinon une suppression de toute rencontre langagière dans une famille par exemple, nous voulons dire aussi par là que le reportage radiophonique d'une catastrophe, par exemple, ou sa lecture dans un quotidien, peuvent avoir un effet agressif beaucoup moindre que sa projection en images, que le « choc » des photos peut être plus traumatisant que le « poids » des mots, que la violence « racontée » peut entraîner des réactions moins « stressantes » que si elle est directement visible. « Le petit chaperon rouge », ou « Il était un petit navire », ou les contes de Grimm, sont des histoires atroces : imaginons la réalité de leur mise en images ! Dans cet ordre d'idées, on connaît les identifications catastrophiques qui peuvent s'établir à partir de ce qui est vu dans certains films, et les passages à l'acte qui s'ensuivent ; cela se produit beaucoup moins à partir de l'entendu ou du lu.

L'angoisse... une racine humaine

En effet, l'angoisse paraît être l'éprouvé le plus profond et le plus fondamental, toujours en filigrane dans l'existence, apparemment le plus étrange aussi puisqu'elle est généralement considérée comme « sans objet », le plus éprouvant aussi, surtout dans sa forme de crise dont on ne sait jamais pourquoi elle cède.

L'angoisse, à l'expérience des psychologues et des psychanalystes, paraît intimement liée à l'interrogation essentielle : « qui suis-je ? », « qui est "Je" ? », même si certains peuvent n'y voir que le ridicule d'une question oiseuse. Cependant, j'ai certes un nom propre, un prénom, un âge, un domicile, quelque signe particulier, comme en témoigne ma carte d'identité, mais est-ce que tous ces attributs, et même tout ce que je sais de moi-même, suffisent à répondre à la question posée ?

Douloureux privilège de l'homme face aux questions de son origine, de son existence et de son destin mortel, questions demeurant radicalement sans réponse et hors savoir, l'angoisse ne saurait être « expliquée », ou scientifiquement mesurée.

C'est ce qui fait dire que l'angoisse est sans objet, liée à ces questions que chacun est forcément amené, tôt ou tard, à se poser, et qui sont même implicitement articulées dans le langage courant : « **Je** ne sais pas ce que **j'**ai, mais **je** suis angoissé... », l'index « **Je** » désigne-t-il le même sujet dans le « **Je** » qui ne sait pas, le « **Je** » qui a... quelque chose qu'il ne sait pas, et le « **Je** » qui est angoissé ? Et, au fond, qui dit « **Je** » ?

Cette question, la Science n'en a cure, idéologiquement orientée vers une "suppression" du Sujet, dans la domestication des objets.

Pourtant, il ne suffit pas à l'homme, pour « vivre », de savoir résoudre une équation du $n^{ième}$ degré, si séduisante soit-elle… !

À l'inverse, les philosophes se préoccupent de cette question de l'angoisse, puisqu'elle fait partie inhérente de l'être de l'homme qui est leur domaine et le sujet de leur interrogation. Ils en ont aussi permis une approche, mais leur langage et leur vocabulaire peut en rendre parfois la compréhension un peu délicate : « La veille pose la différence entre moi-même et cet autre en moi, le sommeil la suspend, le rêve la suggère comme un vague néant. La réalité de l'esprit se montre toujours comme une figure qui tente son possible mais disparaît dès qu'on veut la saisir, et qui est un rien ne pouvant que nous angoisser. » (Kierkegaard, *Le concept de l'angoisse*)

« Que l'angoisse dévoile le néant, c'est ce que l'homme confirme lui-même lorsque l'angoisse a cédé. Avec le clairvoyant regard que porte le souvenir tout frais, nous sommes forcés de dire : ce devant quoi et pour quoi nous nous angoissions n'était "réellement" rien. En effet, le néant lui-même, comme tel, était là… C'est uniquement parce que le néant nous est révélé dans le fond de la réalité humaine que la complète étrangeté de l'existant peut nous assaillir. » (Heidegger, *Qu'est-ce que la métaphysique ?*)

Les psychanalystes aussi, comme nous le disions, sont des familiers de l'angoisse, et l'on ne peut faire l'économie de ce qu'écrit Françoise Dolto (*La Psychanalyse*. Tome 6. éd. PUF, 1961) :

« La personnologie de Freud nous paraît avoir réussi à mettre en courbe la trajectoire de la question que pose un être humain à tout autre de son espèce (y compris à lui-même et, ici, son épreuve est pire que l'autre), question qu'il pose et se pose de la naissance à sa mort, c'est-à-dire tout le temps que dure sa sensorialité. Cette question est la même quelles qu'en soient les formulations, du début de son incarnation jusqu'à l'extinction de ses échanges, c'est : OÙ-EST-CE-PAR-QUOI-J'AURAI-L'ÊTRE ? Tout homme sain l'est dans la mesure où, cherchant cette réponse ailleurs qu'en lui-même, il trouve, de la poser, le courage de vivre dans l'espoir de la résoudre... Un homme ou une femme est un être vivant d'autant plus humain... que la qualité de sa lucidité est plus grande et l'intensité de son dénuement plus intolérable. C'est-à-dire qu'un être humain est d'autant plus évolué que son angoisse est plus grande et que son expression est si impossible à taire qu'au-delà de son corps, premier médiateur entre lui et le monde, il recherche des sons, des gestes, des signes, des langages médiateurs de sa personne pour traduire à la fois son angoisse et la transcender dans une expression intelligible en vue d'échanges créateurs avec les autres personnes vivantes qui l'entourent, il en laisse des traces pour en informer celles qui viendront... ».

Il ne faudrait pas voir dans ces propos, qu'ils soient philosophiques ou psychanalytiques, une culture valorisante de l'angoisse, mais surtout sa reconnaissance comme un éprouvé fondamental qui ne peut être exclu de l'existence humaine et de sa destinée.

L'avènement des progrès les plus souhaitables et les plus nécessaires délivrera-t-il l'homme de l'angoisse, ou celle-ci n'ira-t-elle qu'en s'accentuant, à partir du moment où l'existence ne sera plus dévorée par le problème de sa subsistance et de son confort, et se trouvera vraiment face à elle-même ? Franz Kafka a bien décrit ce monde qui est le nôtre : un univers dans lequel l'homme est prisonnier de réseaux de communication, où l'on côtoie de plus en plus de monde sans rencontrer véritablement quelqu'un.

Le stress n'est-il qu'un ennemi ?

« Le corps s'adapte, mais en se transformant… Si une branche se casse, l'arbre ne se guérit pas en faisant repousser une branche, mais en réorganisant toute sa structure. »
René Dubos

Un facteur d'évolution

Le stress correspond, on l'aura compris, à une agression, quelle qu'elle soit, d'ordre matériel ou psychologique. Cette agression peut faire ressentir à l'homme un état de danger, d'insécurité, par la rupture, la coupure qui se produit avec l'état antérieur, et il met en jeu les diverses réactions de ce dernier pour la « neutraliser » si possible, en la faisant disparaître ou en s'y adaptant, pour retrouver un nouvel équilibre et une certaine constance, une certaine harmonie du milieu intérieur, une identité sécurisante de lui-même, qui puissent lui permettre de vivre sans difficultés majeures, et, pourquoi pas, dans un certain bien-être. N'est-ce pas, en effet, son bonheur que l'homme cherche avant tout, bien au-delà du « nouveau » ?

L'intelligence émotionnelle

À tous ces éprouvés, l'homme tentera de répondre à la fois par le raisonnement et par une conduite adaptée. On peut appeler « émotion » (état de trouble incontrôlé survenant brusquement dans une situation particulière) l'effort fait pour se plier aux circonstances : comme tout état psychologique, elle comporte des faits physiologiques organiques et des faits intellectuels (représentations), c'est-à-dire que, encore une fois, corps et esprit sont indissolublement liés. Elle est en général passagère, parfois durable ; elle peut être agréable ou pénible. On distinguait classiquement l'émotion-choc (colère, peur, panique) et l'émotion-sentiment (joie, amour, tristesse).

Certains pensent que l'émotion est un signe de désadaptation à la réalité, en ce sens qu'elle est une manifestation de la lutte pour une adaptation non encore réalisée ; en fait il faut que, à tout choc inattendu, l'organisme réponde par une adéquation, qui s'opère plus ou moins vite. C'est lorsque la réaction émotive dépasse, en intensité et en durée, ce qu'exige « normalement » le choc éprouvé, qu'elle paraît disproportionnée à la cause, que l'on pourrait parler de désadaptation à la réalité. Mais la proportion « normale » et la disproportion sont impossibles à définir, non « chiffrables » donc hors statistique possible, puisque deux personnes ne peuvent ressentir les choses de manière identique, que le même fait pourra entraîner des réactions importantes chez l'un et laissera l'autre de glace.

La problématique de l'intelligence émotionnelle est celle de l'intégration positive de ces réactions, qui permet de capitaliser une importante énergie vitale. Elle vise à permettre à chacun de se réunifier sans cesse, en un dépassement salutaire.

Se réunifier sans cesse

Cette réunification à laquelle l'adaptation nous pousse passe par plusieurs étapes successives, qui constituent la mise en œuvre de l'intelligence émotionnelle :

- une prise de conscience de ses émotions et de son stress. On pourra utilement, ici, avoir recours à un bilan stress, pour dresser un état régulier. Nous en proposons un en annexe ;
- une explicitation et une objectivation des représentations et des valeurs qui en découlent. Ce n'est pas le tout de prendre conscience de la présence de symptômes de stress, encore faut-il réfléchir à la « vision du monde » sur lesquels ils se tissent :
  - quelle image est-ce que je me fais de mon entreprise, via l'unité de travail à laquelle j'appartiens ?
  - est-elle en adéquation avec celle que l'entreprise veut donner d'elle-même ?
  - comment formulerais-je mes représentations et valeurs dominantes ?
  - quelles sont, en fin de compte, les questions « clés » qui se posent à moi ?
- la mise en œuvre d'une adaptation et d'une certaine « maîtrise » de ses émotions : nous allons y revenir dans la suite de cet ouvrage ;
- un « passage » de la maîtrise de soi au dépassement de soi comme ressort renouvelé de la motivation. Il consiste en une intégration de l'autre comme vis-à-vis, dans son altérité toujours dérangeante… et comme un « en soi », dans l'ouverture d'une rencontre possible au-delà de l'altérité ;

- la prise en compte de la dynamique de groupe, c'est-à-dire la gestion des relations et des tensions, en tenant compte à la fois de l'identité collective du groupe et des multiples interactions entre les individus qui le composent et avec les environnements qui le disposent ou le déterminent ;
- l'instauration de réseaux, afin de bénéficier d'exemples, de retours d'expérience, de renouvellement dans les moyens d'adaptation.

Mais pour aller plus loin, il est à présent nécessaire d'approfondir ce qu'on entend par adaptation.

S'adapter...

« Innover, c'est d'abord se débarrasser systématiquement du poids du passé. C'est ensuite la quête systématique d'occasions d'innover. »
Peter Drucker

L'adaptation : une force vitale

L'adaptation est ce qui permet à un sujet de devenir « apte à... », « capable de... », ou à un objet d'être « compatible avec... », c'est-à-dire, en fait, d'approprier une chose à une autre, d'accorder un être à un autre, ou au milieu dans lequel il vit. Elle permet à l'homme de faire face aux différentes conditions de vie, nouvelles ou habituelles, auxquelles il ne peut manquer d'être confronté, c'est-à-dire aux diverses stimulations qu'il peut recevoir de son environnement, quel qu'il soit, stimulations qu'il peut également recevoir de lui-même (par exemple, le malaise ressenti après un cauchemar ne cède pas toujours immédiatement, même à savoir que « ce n'était qu'un mauvais rêve » !).

L'adaptation est une capacité générale de tout être vivant de répondre aux variations de tension obligatoirement engendrées par les excitations externes ou internes de la vie de tous les jours, une réponse de l'homme à ce qui peut venir troubler, agréablement ou désagréablement, l'équilibre intérieur. En effet il existe une certaine constance du milieu intérieur, indispensable pour subsister, qui nécessite une régulation (encore appelée homéostasie).

Cette régulation peut être parfaitement inconsciente, comme le maintien de la température dans des conditions climatiques diverses, la constance nécessaire de données biologiques ou des fonctions immunologiques, la lutte contre les infections, etc. ; elle n'en est pas moins indispensable.

Il en est de même sur le plan psychologique. L'homme doit s'adapter à son milieu de façon permanente, car rien n'est, n'a été, ou ne sera fixe en ce domaine, et une vie définitivement adaptée est inconcevable : il n'y a pas d'adaptation totale et définitive.

Nous avons déjà parlé du **syndrome général d'adaptation**, ensemble des processus que l'organisme met en œuvre lorsqu'il subit une agression. Lorsque cette dernière est d'une intensité telle qu'une adaptation n'est pas immédiatement possible, on peut parler de « réaction catastrophique » (Goldstein), réaction qui est imprévisible et peut amener les conduites les plus désordonnées.

Cette nécessité d'une adaptation permanente constitue une des limites de la « liberté » de l'homme, car il reste dans un certain état de dépendance par rapport aux stimulations du milieu.

Par « milieu », il faut entendre à la fois l'environnement extérieur, mais aussi, encore une fois, les réactions purement intérieures : le surgissement de l'angoisse peut parfaitement être strictement indépendant de toute agression extérieure. C'est ainsi que même l'île déserte, refuge classiquement rêvé par les amoureux pour échapper, précisément, à toute influence autre, ne peut apporter la sécurité et le bonheur recherchés que pour un temps... limité .

Il n'est pas possible de mesurer objectivement la valeur d'une stimulation ressentie par le sujet. Par exemple, chez des enfants ayant des « coordonnées » objectives voisines sur le plan de l'âge, de la fratrie, de la scolarité, du milieu familial, etc., la séparation des parents entraînera autant de réactions différentes qu'il y a d'enfants, car aucun ne peut avoir strictement la même « histoire », le même vécu de son monde, les mêmes rêves, les mêmes désirs, les mêmes projets.

En définitive, l'adaptation est ce qui permet de « faire face » à une situation qui vient, sous une forme ou sous une autre, mettre le sujet dans l'insécurité ; elle est fonction de la personnalité de l'individu, de son histoire, de ses expériences, de sa culture, de ses modes d'entrée en contact et de ses relations avec les êtres et les objets qui l'entourent (personnalité intro ou extravertie, inhibée ou expansive, par exemple).

Regarder les choses autrement

Qu'en est-il alors de la relation de l'homme à ses objets (sous le terme d'« objet », il faut entendre à la fois ce qui est de l'ordre matériel, mais aussi les personnes, comme on peut dire de telle ou telle qu'elle est un « objet » d'amour).

Une première distinction est à faire entre ce qu'on appelle le « réel » et la « réalité ».

Le **réel**, « ce qui <u>est</u>, même sans être connu », peut venir à être perçu par le sujet sous la forme de l'expérience, où l'image et le mot lui donnent un sens : la **réalité** (avoir « l'expérience » de la réalité, perdre le « sens » de la réalité).

Pour schématiser, un « quelque chose » de l'ordre du réel peut devenir « objet » dans la réalité. À l'inverse, le réel d'un objet est irréductible à toutes les connaissances qu'on peut acquérir de sa réalité, de même que les attributs que l'on peut conférer à telle personne ne reflètent en rien ce qu'elle « est » réellement (d'autant que ces attributs seront différents d'un observateur à l'autre).

Prenons un exemple (emprunté à Serge Leclaire, *Évolution psychiatrique*, tome II) :

« *J'ai sur mon bureau un cendrier de cuivre en forme de mortier avec un pilon. Qu'en est-il de cet objet réel et de l'expérience qu'on peut en avoir ?*

Un technicien en métaux y verra d'abord le cuivre, et éventuellement sa valeur s'il veut l'acheter. L'amateur d'art pourrait être sensible à son élégance, voire à sa qualité d'objet ancien ; l'enfant sera sensible au tintement du pilon sur les parois et en fera un jouet ; le fumeur ne considérera que le cendrier. Je n'insisterai pas sur la valeur qu'il a pour moi et qui vient de la personne qui me l'a offert.

L'expérience de cet objet ne vient pas du témoignage de nos sens puisqu'il a suffi que je le décrive pour que vous puissiez déjà l'imaginer. Ce n'est donc pas sa matérialité qui fait un critère de sa réalité. Les mots de cuivre, objet ancien, jouet, cendrier ne peuvent non plus à eux seuls évoquer la réalité de cet objet, puisque chacun, pris séparément, vient évoquer une multitude d'autres « choses » possibles.

Donc, pour avoir une expérience de la réalité de cet objet, il faut que je puisse à la fois en faire une image et lui donner un nom, ce qui finalement ne touche en rien ce qu'il en est du réel de cet objet, ce qui en subsiste hors toute symbolisation. »

Nous avons insisté sur cette distinction entre réel et réalité car elle permet de mieux comprendre l'originalité fondamentale de chaque sujet. Devant une bouteille « réellement » à moitié remplie, l'histoire est bien connue de l'optimiste, qui met l'accent sur ce qui reste, et du pessimiste, qui ne voit que ce qui manque ! (ce que traduit bien l'expression : « chacun voit midi à sa porte »).

Il n'existe donc pas une expérience de la réalité qui serait commune à tous ; elle est radicalement différente pour chacun, et l'on peut dire aussi que, devant tout objet, toute situation, tout « vécu » (en restant très schématique), l'homme peut avoir soit une attitude de rejet, soit des réactions positives.

La force du désir

L'expérience peut alors lui apprendre la solution du compromis : en effet, l'adaptation va beaucoup plus loin, car il ne serait pas possible à l'homme de vivre selon les seules valeurs de « bon/pas bon ». Les processus de maturation et l'expérience acquise permettront de nuancer ce jugement primaire et de s'adapter à des circonstances d'insatisfaction ou de souffrance. Ne dit-on pas, par exemple, que l'on « juge » un homme dans la difficulté et non lorsque « tout baigne dans l'huile », ne dit-on pas non plus qu'il faut un « bon pépin » pour apprendre à vivre à celui qui n'a jamais connu le manque ?!

Schématiquement, en face d'une situation concrète, le sujet doit accommoder ses demandes et son désir à ce qui est possible dans le milieu extérieur. Nous examinerons ultérieurement les notions de principe de plaisir et de principe de réalité ainsi que leur articulation. Il peut en résulter soit un équilibre et une détente si le milieu extérieur satisfait les désirs du sujet, soit un déséquilibre, une tension psychologique dans le cas contraire. Par un mécanisme naturel d'équilibration, cette tension doit s'apaiser, et il va se produire une adaptation, sinon la tension persistante peut parfois aboutir à une désadaptation plus durable qui peut même prendre un caractère pathologique.

On peut considérer, schématiquement encore une fois, que l'adaptation peut se faire selon trois voies :

- le sujet arrive à satisfaire son désir et à vaincre ce qui peut extérieurement s'y opposer. La « victoire » est source de plaisir dans le moment (l'éprouvé du « pouvoir » n'est pas loin) ;
- le sujet renonce à son désir, ou plutôt à tel objet désiré, sous la pression de la réalité et des exigences de l'environnement ;
- mais comme il est rare que la « victoire » soit totale, et la renonciation de même, le troisième chemin consiste pour le sujet à déplacer son désir sur « autre chose », à remplacer l'objet désiré par un autre. « Les raisins sont trop verts », dit le renard de La Fontaine.

Il peut s'agir en fait d'une adaptation faussée, car la satisfaction passe par des voies détournées, et est elle-même pervertie par rapport à l'objet initial du désir. Cette fausse adaptation peut prendre toutes les formes : nier ou se détourner des difficultés, se réfugier dans le rêve ou l'imagination (avec des « si »…), réagir par la colère et l'agressivité ou s'engager dans la voie de la soumission servile, de la loi de la fatalité, la recherche de l'autopunition, de la souffrance et de la culpabilité.

Mais il n'en est pas toujours ainsi : le déplacement peut également s'opérer sur un nouvel objet, de nouvelles actions créatrices et fécondes pour le sujet et les autres, et c'est ce qu'on pourra appeler la **sublimation**.

Nous y reviendrons plus longuement ci-dessous quand nous aborderons les données d'ordre psychologique.

Ainsi, l'adaptation permet à l'homme d'apaiser et de faire disparaître les tensions diverses qui ne peuvent manquer de se produire dans la vie quotidienne, à tel point que, dans un but d'augmenter ses capacités d'adaptation à son travail par exemple, il a pu être question de faire prendre en charge par d'autres les tensions liées à la vie familiale, aux soucis d'ordre privé, etc.

Quelques données psychologiques paraissent maintenant nécessaires pour préciser encore quels mécanismes peuvent être à considérer dans la relation stress et adaptation.

Mieux vivre...

*« « Si tu voyais ce que tu es, si tu savais…
tu ne serais point ce que tu es. »*
Paul Valéry

Qui sommes-nous ? D'où venons-nous ? Où allons-nous ?...

Identité et permanence

C'est avant tout au sentiment de soi-même, de sa propre existence, de son identité, sentiment qui paraît évident à chacun, que renvoie ce que, avec les psychanalystes, nous appellerons le « Moi ». Rien de plus stable que ce Moi, semble-t-il, qui m'est familier, me paraît autonome (je fais, je pense ce que je veux…), est une référence à laquelle je fais souvent appel : « Moi, je… », « Personnellement, je… » , « moi-même, je pense que… » Je sais ce que je sais faire, ce que j'aime, ce que je n'aime pas, je connais mes ressources, etc.

Les autres aussi me semblent relativement stables dans l'image qu'ils me donnent : je sais que l'un est timide, l'autre coléreux, je peux prévoir leurs réactions dans telle ou telle situation, j'arrive même à savoir ce qu'il faut faire ou ne pas faire pour leur plaire ou leur déplaire, etc. Cette stabilité peut même être presque comparée à une certaine stagnation, et il faut souvent ne pas avoir rencontré quelqu'un depuis très longtemps pour sentir qu'il a « changé ». Mais… chassez le naturel, il revient au galop !

Pour illustrer cette « stabilité », il est intéressant de rappeler que le terme « personne » vient de *persona*, qui désigne, en latin, le masque porté par les acteurs de théâtre, le *prosôpon* des grecs. Ces masques, en nombre limité – les spécialistes en dénombrent soixante-seize, dont vingt-huit pour la seule tragédie –, correspondaient à des caractères fixes à partir desquels les spectateurs pouvaient s'attendre à des comportements ou à des attitudes déterminés.

Cette image que l'autre me donne de lui-même et qui paraît donc assez fixe peut aussi être liée à tel ou tel contexte : on peut avoir parfois la surprise d'apprendre que l'homme le plus charmant, le plus courtois, le plus doux, le plus aimable, se révèle être chez lui un tyran domestique, ou inversement que l'autoritarisme insupportable de mon supérieur reste limité au milieu du travail et qu'ailleurs, il file doux comme un mouton !

Mon identité ne me paraît donc faire aucun doute et la question « Qui suis-je ? » (que nous évoquions à propos de l'angoisse) est proprement idiote et à mettre au compte d'élucubrations de philosophes ou de « psy » ! « Mais je suis Moi, bien sûr ! », comme on peut dire au téléphone : « Allo, c'est Moi ! », et il vaut mieux poursuivre avec l'humoriste : « D'où je viens ? – De chez moi ! – Où je vais ? – J'y retourne ! » Bref, je suis moi, identique à moi-même…, mais moi-même : moi, le même que… qui ou quoi ?).

Cette présomption est bien soulignée dans la pièce *Amphytrion 38* de Giraudoux : Zeus, voulant pour séduire une mortelle prendre la forme humaine de son époux, demande conseil à Sosie pour que, dans cette image, sa qualité de Dieu ne transparaisse pas, pour ne pas être reconnu. Au terme de l'échange et des modifications apportées, Zeus dit : « Mais finalement, je ne me suis jamais senti autant un Dieu ! », et l'autre de lui répondre : « Alors maintenant, vous êtes vraiment un homme ! ».

Le « Moi », qui est-ce ?

Mais le problème se complique légèrement avec l'histoire bien connue de la paille et de la poutre, à savoir que certains voient en moi des choses que je ne vois pas (et inversement pour moi chez les autres) et même des choses que je peux refuser, au besoin avec une passion qui s'explique mal. Pourtant, cette « poutre » dans mon œil est bien existante, puisque vue par tous ceux qui me « connaissent » bien. Il y a donc des images de Moi que j'ignore, que je refuse, que je ne veux pas reconnaître.

Le problème se corse encore plus avec les interrogations que posent tout simplement des expressions du langage courant : « Je m'appelle… untel », ou « Je me couche », par exemple. « Je » appelle « Moi » ? « Je » couche « Moi » ? « Je » est donc autre que « Moi ». J'aurais alors deux sujets en moi ? Et encore, « Je » est le sujet de l'énoncé de ma phrase. Où et qui est le sujet de l'énonciation, celui qui dit « Je » ?

Autre exemple : à quoi correspondent les différents index qui me désignent dans une phrase telle que « Je ne sais pas ce qui m'arrive, mais je ne suis plus sûr de moi. ». Qui ne sait pas ce qui arrive à qui ? Est-ce le même que celui qui n'est pas sûr… de qui ?

Rappelons ici que le terme « sujet » vient du latin *sub-jectum*, ce qui est jeté, qui gît dessous. Alors la question reste posée : mon Moi est-il identique à mon sujet ?

Enfin, le problème reste entier lorsque ce Moi, si libre, si autonome, vient à me jouer des tours : j'oublie quelque chose d'important (et je peux même oublier que j'ai oublié !), je dis un mot à la place d'un autre, je ne me rappelle pas le nom de… (même s'il est sur le bout de la langue), tel acte m'échappe, j'égare un objet précieux ; je « sabote » malgré moi tel projet…, etc. La tendance est évidemment de mettre tout ceci sur le compte du hasard, de la pure coïncidence, mais l'expérience psychologique relie tous ces « tours » à une intentionnalité autre qui est en moi, même si j'ai du mal à la reconnaître ou la renie carrément.

Tout cela semble relativiser beaucoup ce Moi en qui je déclare avoir mis mon identité et mon existence, auquel je rattache mes sentiments, auquel j'attribue mes qualités, mes défauts, mes petites manies, etc. !

L'investigation psychanalytique a appris que cette notion d'un Moi « UN », indépendant, bien différencié, était trompeuse et qu'il existait dans l'homme une « autre scène », l'inconscient, dont Freud disait qu'il était « la réalité psychique elle-même ».

La genèse du « Moi »… source d'éclairage

Examiner la genèse du « Moi » est indispensable pour mieux appréhender la notion de stress, ses causes et ses impacts sur ce que nous sommes. Comment envisager de « gérer » son stress sans comprendre en profondeur ce sur quoi il porte ?

Cette genèse, comme toute genèse, se répète et se figure à nouveau dans les développements de l'être engendré. Nous pourrions presque nous autoriser un parallèle avec l'appropriation d'une « identité » dans une entreprise… Nous laissons à chacun le soin de le faire !

Il serait, certes, présomptueux et vain de vouloir faire ici un exposé détaillé et exhaustif de la formation du Moi adulte, ce « lieu » dans lequel « je » fonde mon existence et mon sentiment d'être… moi-même ! Nous ne pourrons être que schématique, donc très imparfait, notamment vis-à-vis des données, à notre sens incontournables, de la psychanalyse.

Le sentiment du <u>Moi</u> que possède l'adulte n'a pu être tel dès l'origine, comme le dit Freud. Chacun conviendra de cette évidence à la simple observation du nourrisson qui ne peut encore différencier son « Moi » du monde extérieur : il est le siège, le lieu d'une multiplicité de sensations autant venues de ce monde extérieur que de l'intérieur de lui-même. On peut presque dire qu'il n'est que perceptions, et chacune s'inscrira en laissant trace.

Ce n'est que petit à petit qu'il apprendra à différencier ce qui vient de lui et ce qui vient du dehors, ce qui est Moi et ce qui est objet (*ob-jectum* : ce qui est jeté devant). Ce qui est du dehors est beaucoup plus fugace, apparaît et disparaît dans le temps, et se différencie ainsi des sensations internes, quasi permanentes. La sensation de l'espace pourra prendre là l'une de ses sources, à partir d'un intérieur/extérieur, tandis que l'éprouvé de l'écoulement du temps, dans le jeu et l'alternance de la présence/absence de ces « objets » de plaisir ou de déplaisir, s'affinera petit à petit (de même qu'un peu plus tard la patience de l'attente).

Ce Moi « en formation » tend à rejeter au-dehors ce qui est source de douleur et de souffrance, selon le principe de plaisir qui veut aboutir à la suppression de tout… déplaisir. Autrement dit à rejeter tout stress ! Le « dehors » est alors ressenti comme étranger et menaçant. Mais l'expérience nous apprend que maintes sources de plaisir sont liées à des objets extérieurs et que des souffrances sont d'origine purement interne. À ce principe de plaisir se conjoindra alors le principe de réalité qui doit dominer l'évolution ultérieure, c'est-à-dire une adaptation progressive (des organes des sens comme de l'action musculaire) à éviter ou faire disparaître les souffrances inévitablement ressenties.

En effet, on pourrait dire qu'à l'enfant est imposée d'abord une série de renoncements qui font coupure et pourraient tout à fait représenter un stress au sens où nous l'entendons chez l'adulte :

- perte du milieu « aquatique » maternel avec passage dans un monde totalement étranger. Le « passage » en lui-même n'est pas forcément « agréable », précédant le cri de la première respiration, puis la première ingestion. Les sons perçus sont différents, non atténués, l'œil devient source de perceptions, la température n'est pas la même que celle du milieu intra-utérin, etc. C'est pourquoi on a pu parler du traumatisme de la naissance, se situant surtout au niveau du corps qui, pour le coup, doit s'adapter sur tous les plans à ce milieu nouveau dans lequel il est soudain plongé. Certes, il n'est personne qui puisse en avoir quelque souvenir, mais il est certain que tous ces événements viennent faire marque, qui persistera dans ce qu'on pourrait déjà appeler l'inconscient de l'enfant (des recherches sur la vie intra-utérine ont d'ailleurs montré qu'il en était de même pour les diverses perceptions qui y sont ressenties, qu'elles soient intérieures ou extérieures à la mère) ;

- perte des satisfactions liées à l'alimentation : le sevrage, même progressif, prive l'enfant d'un plaisir qu'il a éprouvé très vite et très tôt, et qui était venu doubler, si l'on peut dire, la seule satisfaction des besoins alimentaires. Une certaine compensation pourra s'établir avec la succion du pouce, la sucette, puis le crayon, ou autres objets à disposition ;

- renoncement au plaisir excrémentiel → l'apprentissage de la propreté avec celui de la discipline sphinctérienne du « retenir/lâcher », du « donner/ne pas donner » marque le désir de l'autre, la mère ou son substitut, et s'accompagne des signes de son agrément ou de son désagrément. L'enfant aura alors tendance à transposer sur d'autres objets, dont certains sont particulièrement investis, la maîtrise qu'il commence à rechercher, avec celle de ses muscles, jouant avec eux en les aimant ou en les rejetant, à l'instar des sentiments qu'il aura pu ressentir chez l'adulte à son égard. Il devient en même temps sensible à son infériorité par rapport aux « grandes » personnes, ce qui entraînera aussi son désir d'imiter, de « faire comme », un des moteurs de l'identification ;

- renoncement à « être tout » pour la mère, premier objet, avec l'interdiction culturelle de l'inceste qui vient introduire la dimension de la troisième personne, symbolique par son absence (« il » n'est pas là, mais est en même temps présent entre « je » et « tu »).

Tous ces « renoncements », les privations de satisfaction et de plaisir, les interdictions, peuvent donc représenter pour l'enfant autant de « stress » auxquels il devra réagir et s'adapter, sans que ces réactions ou cette adaptation obligée soient pleinement conscientes. L'aide de l'adulte y est pour cela déterminante, dans les encouragements et compensations qu'il peut y apporter, fondée aussi sur une relation d'amour entretenue dans un respect réciproque. Tout ceci paraît également jouer un rôle important dans la manière avec laquelle, parvenu à l'âge adulte, l'homme fera face aux diverses difficultés qu'il ne manquera pas de rencontrer dans son existence.

C'est donc sur un éprouvé de manques successifs qui, tous, laisseront traces, que l'homme va structurer ce que, encore une fois, il appellera sa « personnalité », ou ce que les « psy » appellent son Moi. Cette structuration est en elle-même adaptation permanente, dialectique incontournable, dont il faut maintenant décrire le processus et le devenir.

La structuration du « Moi »

La brève synthèse qui précède ne présente qu'un résumé succinct et très schématique de ce que chacun connaît sous le nom des différentes phases bien connues : orale, anale, phallique, appelées ainsi pour marquer le lieu privilégié où se situe la recherche de plaisir à un moment donné de l'évolution de la vie.

Chaque phase est donc accompagnée d'une rupture, véritable « stress »…, en même temps qu'elle est fondatrice de ce qu'on peut appeler la personnalité !

En même temps, n'oublions pas que l'enfant ne parle pas à sa naissance (*in-fans* : muet, qui ne parle pas) et qu'il recevra de son monde le langage, comme il se fera annoncer à lui-même par ce monde environnant : son nom, son prénom, son sexe, etc.

Une anecdote est ici bienvenue pour souligner, si besoin est, l'importance de ce « bain » de langage dans lequel est plongé l'enfant, dès avant sa conception pourrait-on presque dire (« Nous en aurons trois, et on les appellera ainsi ! »). L'empereur Frédérik II voulait savoir dans quelle langue s'exprimeraient des enfants qui n'auraient jamais entendu parler. Il confia ainsi un certain nombre de nouveau-nés à des nourrices ayant pour consigne de ne pas leur parler, de ne pas les bercer, etc. Le résultat a été que tous ces enfants sont morts en bas âge... (cité par Bernard This, *Naître*, éd. Aubier Montaigne, 1972).

Il nous reste donc à voir de quelle façon va se construire cette image apparemment constituée et consciente que j'appelle « Moi », source de mon identité, mais aussi lieu où je me sens éprouver joies, peines, « stress », en même temps que point d'appui et de référence pour mon adaptation au monde et au changement. La séduction de cette image est telle que certains ont voulu faire de son renforcement et de son autonomie (jusqu'à la maîtrise de l'inconscient) l'un des buts de la thérapeutique psychanalytique.

Nous avons dit ci-dessus qu'on pouvait presque considérer que l'enfant, dans les temps suivant la naissance, n'était presque qu'un lieu de « perceptions ». Ces « impressions psychiques », dit Freud, persistent et font trace, même si elles ne sont pas présentes.

Jacques Lacan, dans son écrit sur le « stade du Miroir » (*Écrits*, éd. du Seuil, 1966), a révolutionné cette conception du Moi autonome en décrivant un fait d'observation, moment exemplaire, répétitif, survenant chez l'enfant de 6 à 18 mois environ. Durant cette période, certaines de ces perceptions et leurs traces se rassemblent et se « cristallisent » dans une forme, comme un puzzle dont les différentes pièces se mettraient d'un coup en place après avoir erré dans leur carton ! Contrairement à l'animal, cette « forme » est manifestement reconnue par l'enfant comme étant lui, avec l'assentiment nécessaire d'un autre, la mère en général, qui, dans le miroir par exemple, vient le désigner : « Qui est là ? C'est Bébé ! » Il faut s'apercevoir que cette image, ainsi authentifiée si l'on peut dire, est extérieure à l'enfant. Ce dernier éprouve un véritable plaisir (une « assomption jubilatoire ») à se voir, à éprouver le pouvoir qu'il a sur cette forme en l'animant par ses mouvements par exemple, éprouvé de pouvoir sans commune mesure avec l'impuissance motrice et la dépendance dans lesquelles il se trouve encore (c'est dans cette inadéquation que l'on peut trouver une origine de l'agressivité structurale de l'homme).

Ainsi, c'est à cette « forme », étrangère à lui, qu'il appellera son Moi, à laquelle il assignera l'index « je », que se rattacheront toutes les identifications successives, appropriation de traits inconsciemment perçus chez l'autre, qui poursuivront la « construction » de ce Moi, que l'on peut dire aliéné dans une image, « lieu des identifications imaginaires du sujet » (Lacan).

Petit à petit aussi, l'enfant fera la distinction entre perception et représentation (présenter à nouveau). Il avait peu à peu intégré que le sein réel lui apportait satisfaction (non seulement sur le plan du besoin de nourriture, encore une fois, mais aussi, progressivement, sur le plan du plaisir, indépendant de tout besoin, plaisir de suçoter par exemple), mais que la représentation du sein (le sein « halluciné »), si elle pouvait être source de plaisir, ne lui apportait rien sur le plan du besoin, de la faim. C'est la distinction que l'on pourra faire couramment entre réalité et fantasme (alors que l'on peut dire aussi que la réalité n'est que fantasme de ce qui est « réellement »).

On vient d'esquisser très succinctement ce qu'il en est du langage et de l'élaboration de l'image de soi. C'est sur l'assise de cette image, progressivement constituée, de lui-même et de son environnement, image réellement perçue ou intérieurement représentée, que l'homme va entrer en communication langagière à la fois avec sa propre personne et avec les « objets » qui s'offrent ou s'imposent à sa sélection sensorielle. C'est le fondement de ce qu'on a appelé sur le plan théorique la « relation d'objet ».

La relation au monde

La relation que l'homme instaure avec les objets est au fond paradoxalement une relation au manque d'objet, car l'homme ne trouvera jamais celui qui comble pleinement et définitivement son désir. Chacun sait bien que l'acquisition d'un objet longtemps convoité, par exemple, peut entraîner une satisfaction intense, mais que sa durée en est courte, pour faire place à une sorte de *feeding* que peut traduire un « Ce n'est pas ça que je cherchais en vérité », et le désir est relancé… vers un autre objet. On peut aussi citer la lettre de Kipling à son fils, qui pourrait ainsi se résumer : « Si tu sais assumer le manque, alors tu seras un homme… ».

Là encore, il peut être utile de suivre l'éclairage de Lacan en distinguant quant à la nature de l'objet et de son manque, les trois catégories du réel, de l'imaginaire et du symbolique :

- le besoin, qui est d'ordre essentiellement organique. Au niveau du besoin, le manque (de glucose, de protéines, d'oxygène…) est là, réel. La personne en coma hypoglycémique a besoin de sucre comme le déshydraté grave a besoin d'eau, et pas seulement parce qu'il a soif. L'objet de ce manque (sucre ou eau) est symbolique puisque, s'il peut certes être nommé, il est néanmoins absent et marqué par un trou, comme la place laissée libre dans une bibliothèque par un livre manquant. La non-satisfaction du besoin, c'est ce qu'on appelle la « privation ».

- la demande, elle, s'exprime dans le langage. Qu'on ne demande que ce qu'on n'a pas, Monsieur de La Palice pourrait le confirmer ! Le manque est ici imaginaire, en ce sens que j'ai la représentation de ce que je n'ai pas, et il le faut bien pour que je puisse demander… : « Maman, achète-moi des bonbons ! ». L'objet est réel : le bonbon est réel ! La non-réponse à la demande, c'est la frustration.

- le désir pourrait d'abord être appréhendé par le biais de l'arithmétique : le désir, c'est la demande moins le besoin. Il est donc articulé, dans le langage, dans les défilés de la demande, mais n'est pas articulable en soi, comme nous allons le voir. Pour poursuivre notre exemple, le « Donne-moi un bonbon » (« Achète-moi un manteau de vison » serait plus adulte !) ne correspond pour l'enfant à aucun besoin urgent de sucre (pour le manteau, il y a d'autres moyens de se protéger du froid), probablement pas seulement non plus au seul éprouvé éphémère d'une saveur délicieuse qui pourra se répéter jusqu'à la fin du paquet (non plus qu'au seul plaisir de porter une fourrure admirée et enviée), mais il vise quelque chose qui est de l'ordre de l'indicible et qu'on cherche à compenser avec des mots, par exemple : « M'aimes-tu ? Plus que les autres ? Qu'est-ce que je représente pour toi ? Ce bonbon que je demande, c'est en fait... toi..., mais, pas plus que je ne sais qui je suis, je ne sais ce que tu es... ni ce que tu désires ».

L'objet est imaginaire (bonbon, vison) et se réfère fondamentalement à la représentation du phallus, en tant que symbole d'une toute-puissance illusoire et signifiant d'une jouissance. Jouissance impossible du fait qu'il n'y a pas de réponse aux questions que l'expression de mon désir vient poser (la jouissance n'est pas le plaisir, comme peut le montrer la langue du droit : on ne dit pas que j'ai le plaisir d'un bien, mais j'en ai la jouissance).

Le manque est symbolique, c'est-à-dire que quelque chose sera toujours absent, justement dans l'articulation de mon désir (désir dont l'étymologie latine, *desiderium*, signifie la perte). « M'aimes-tu ? »... « Oui ! »... Pourquoi cette réponse n'est-elle pas suffisante et que la question se repose... sans arrêt ? « Pourquoi m'aimes-tu ? » Si une raison est donnée, il est probable qu'une autre question suivra : « Et si c'était... le contraire, est-ce que tu m'aimerais quand même ?" Il y a donc toujours quelque chose qui manquera à la satisfaction de ce que je demande, et qui réanimera mon désir. Nous rappelions ci-dessus l'espèce de déception, ressentie lorsqu'on obtient enfin ce qu'on a « désiré » très fort ou très longtemps, et on s'aperçoit que « ça » n'est jamais ça.

Cette impossibilité de dire ce qu'il en est de mon désir et de la jouissance, c'est ce qui s'appelle la castration (symbolique), qui peut aussi s'illustrer par cet aphorisme de Lacan : « L'amour, c'est donner ce qu'on n'a pas ».

Comme on le voit, chacune des évolutions que nous venons de décrire, qu'il s'agisse des « phases » de maturation de l'enfant, de la genèse de l'image de soi, de la relation aux « objets » de mon environnement, ne se fait pas sans rupture, sans coupure, sans « stress » – à incidence positive ou négative. Adaptation et structuration de la personne en sont en quelque sorte les maîtres mots, et nous laissent entrevoir le sens de ce que pourrait être une « gestion » de ce stress.

Peut-on « gérer » son stress ?

> *« Ne laisse pas le tigre entrer par la porte de derrière pendant que tu chasses le loup par la porte de devant. »*
> Proverbe chinois

Ce que l'on appelle la « gestion du stress » consiste en un effort de l'intelligence pour l'emporter sur les déterminismes matériels et humains, personnels et sociaux. Il est possible, dans certains cas, de comprendre cette interaction comme un moteur de développement, comme la recherche d'un équilibre qui surmonte sans cesse les déséquilibres engendrés par le quotidien. La gestion du stress peut même devenir un dynamisme créatif ; à ce titre, elle peut s'organiser et donner lieu à une certaine maîtrise, mais elle n'est certainement pas un ensemble de ficelles, recettes ou techniques, qui marcheraient à tous les coups, ainsi que tentent de nous le faire croire les marchands de « zen » en tout genre !

Il est très difficile d'arriver à préciser quel est l'« équipement » dont dispose l'homme pour s'adapter aux diverses stimulations qu'il peut recevoir de lui-même ou de son environnement… Il est évident que

Mieux vivre…

toutes ne correspondent pas à un stress (heureusement !), mais seulement celles, et encore de manière très variable, dont l'intensité est suffisamment forte pour provoquer la rupture insécurisante dont nous parlions ci-dessus.

Sur le plan physique, l'organisme est à même de gérer, si l'on peut dire, de façon automatique, une grande quantité de situations, mais il peut arriver à être « dépassé », et apparaîtront alors des manifestations physiques qui peuvent aller de la simple accélération du pouls ou de la respiration, dans une émotion légère par exemple, aux phénomènes de choc précédemment décrits.

Un concept ambigu

Les notions psychologiques que nous avons abordées nous permettent de mieux saisir toute l'ambiguïté de concept de « gestion du stress » dont nous parlions au début : s'agit-il, en effet, de gérer le stress… ou n'est-ce pas plutôt le stress qui nous gère ?

En fait, les deux propositions sont inséparables l'une de l'autre, d'autant plus qu'encore une fois, on entend généralement sous le terme de « stress » l'agent traumatisant, les réactions qu'il produit, et l'état dans lequel se trouve la personne qui réagit :

- d'une part, en effet, s'il s'agit de la situation ou de l'événement stressant, qu'ils soient d'origine interne ou externe ; ils s'imposent au « Moi » et viennent le « gérer », au prix des réactions que nous décrivions dans les chapitres précédents, puisqu'ils le structurent en le conduisant à une adaptation positive, ou ils le désorganisent par des effets dont il est difficile de prévoir l'évolution (qui à plus long terme n'est pas obligatoirement négative) ;
- d'autre part, ces réactions intérieures difficilement contrôlables nous poussent à adapter, diminuer, reporter, neutraliser certai-

nes réalités… c'est-à-dire à essayer de « gérer » ladite situation, ledit événement, en même temps que lesdites réactions.

La fuite peut être un moyen d'éviter un agent dont on sait qu'il peut être stressant (« Je préfère ne rien demander que d'essuyer un refus. », « Je refuse toute situation de risque, voire toute responsabilité nouvelle. », etc.), mais elle n'est pas toujours possible car elle implique la prévision.

Un moteur de développement

La gestion du stress peut donc se comprendre comme une interaction entre le contrôlable et l'incontrôlable, tant à l'intérieur qu'à l'extérieur de nous-mêmes. Ce que nous pouvons contrôler peut nous donner l'illusion d'une maîtrise et d'une « domination » du stress, mais nul ne peut ramener tout le réel dans la sphère de son propre pouvoir ! Ainsi, une gestion du stress qui viserait à réduire ou supprimer l'incontrôlable serait promise à l'échec ou à des réactions stéréotypées et fermées, rendant la personne inadaptable. Est-il besoin de dire que ce n'est même pas souhaitable ?

Tous les événements de la vie, heureux ou malheureux, opportuns ou contrariants, peuvent être à la source d'un stress. Nous nous limiterons, dans les cas que nous allons évoquer, aux stress qui sont plus spécialement liés au travail et à l'entreprise, puisque c'est notre objet de réflexion principal. Nous resterons inévitablement assez superficiels, tant dans leur description que dans les remèdes possibles. Nous n'aborderons pas, par exemple, la dimension psychothérapique et sa technique, bien qu'elle puisse parfois être utile, voire indispensable.

Encore une fois, nous ne décrirons pas tous les événements exceptionnels qui peuvent survenir dans l'existence de chacun (décès, accidents, catastrophes, attentats, etc.), en soulignant que dans ces cas, un soutien psychologique est le plus souvent mis en place, accompagnant les éventuels soins physiques. Nous ne retiendrons pas non plus, car cela nous emmènerait trop loin dans l'analyse psychologique, la question des personnes qui peuvent « jouir » du stress, le rechercher en se mettant volontairement dans des situations de risques, pour avoir le sentiment de vivre plus intensément dans le danger, sans négliger le sentiment, qui peut être très agréable aussi, de la détente qui suit.

Comme nous l'avons déjà dit aussi, nous n'insisterons pas plus sur le ou les stress volontairement provoqués, calculés et planifiés, auprès d'une personne dans le but de la faire « craquer » ou de la faire démissionner, par exemple. Les moyens en sont bien connus et il existe même, dans cette perspective, des séminaires d'initiation ! (encore que le concept de « harcèlement moral » ait fait un entrée remarquée dans le droit du travail).

Les conseilleurs ne sont pas les payeurs

Pour gérer son propre stress, quel qu'il soit, il y a d'abord la multitude de conseils que les autres peuvent donner, quand leur aide est sollicitée, ce qui est assez habituel : « Prenez distance », « Ne vous culpabilisez pas », « Affirmez vous ! », « N'acceptez pas n'importe quoi », « Dites au patron ce qu'il en est ! », « Prenez des moments où vous ne pensez plus au travail ! », « Séparez bien votre vie privée et votre vie professionnelle ! »…

La minimisation par autrui des difficultés rencontrées entraîne le plus souvent chez le sujet la sensation d'être incompris et un brin d'irritation peut s'ensuivre ! « Mais ce n'est rien ! Il ne faut pas réagir comme ça ! Reprenez-vous ! Une bonne nuit et il n'y paraîtra plus ! »

Une écoute attentive, calme, neutre, bienveillante, laissant toute la place à la parole du sujet, avec la simple reprise des mots ou des sentiments les plus marquants pour relancer le discours fait souvent plus que tous les conseils possibles. Ces derniers correspondent, en fait, à un « Si j'étais à votre place… » qui ne fait que surajouter au problème les réactions de l'autre… qui n'est pas moi, même s'il participe vraiment à mes difficultés. Il vaut mieux aider le sujet à trouver ses solutions en lui-même que de lui proposer les miennes.

Car ces divers conseils, il faut encore pouvoir les suivre ! Celui qui en est capable est bien heureux, et d'ailleurs il n'en aurait pas besoin puisqu'il est finalement peu ou n'est pas « stressable » : il peut s'affirmer, prendre distance, affronter le patron, ne pas se laisser monter sur les pieds, oublier les difficultés rencontrées au travail dès qu'il en est sorti !

Dans la réalité, nous y parvenons de manière très irrégulière, en fonction de facteurs qui d'ailleurs évoluent au cours du temps.

Le stress, mon ami caché

> « *Mon Dieu, donnez-moi la sérénité d'accepter les choses que je ne peux changer, le courage de changer celles que je peux, et la sagesse d'en connaître la différence.* »
>
> Marc-Aurèle

Les conditions de base

Quels sont alors les autres moyens auxquels nous pouvons avoir recours dans la gestion du stress ?

Il est de bon sens que l'état physique n'est pas négligeable et peut jouer un rôle puisque nous avons vu que le stress a aussi un impact organique qui peut être important et compliquer encore les répercussions sur le plan psychologique. Cela est d'ailleurs valable dans tous les domaines de la vie.

Les conseils restent cependant à la discrétion de chacun dans leur suivi (sommeil, alimentation, recours au sport, à la philosophie, à la relaxation, aux massages, etc.). Mais comment pouvez-vous bien dormir, par exemple, quand vous pensez sans arrêt au licenciement que vous pressentez ? (Certains sont même susceptibles d'apprendre qu'ils n'ont plus place dans leur entreprise quand ils constatent qu'ils ne figurent plus sur son organigramme… qu'ils guettent tous les matins sur l'intranet).

Dans cette perspective de l'hygiène du corps, il est également bien connu qu'il faut se méfier du tabagisme, de l'alcoolisme, voire de la prise de drogues (psychotropes, somnifères ou tranquillisants, voire d'autres produits plus douteux…), qui ne peuvent qu'apporter une détente ou une euphorie illusoires et passagères, changeant simplement l'aspect du problème sans le solutionner. Ces conduites peuvent amener à des assuétudes très contraignantes. Si on ne peut l'éviter, à tout le moins faut-il toujours le faire sous l'autorité et la surveillance d'un médecin.

Le souci de la santé physique est donc un élément à ne pas négliger dans la gestion du stress.

Nous reprendrons maintenant plus systématiquement cette classification que nous avions établie dans les facteurs de stress pour envisager les « remèdes » possibles, dont on peut d'ailleurs penser qu'ils sont déjà connus de tous puisqu'ils essaient de se fonder d'abord sur le bon sens. Mais de les rappeler n'est pas vain.

La conception du travail

Abordons d'abord ce qui concerne les servitudes liées à la profession. Le problème essentiel est avant tout d'essayer de cerner ce que représente pour moi, dans mon existence, le travail que je fais. N'est-il qu'une corvée dans laquelle je me sens personnellement peu ou pas impliqué ? Est-il au contraire quelque chose d'essentiel dans ma vie, les inconvénients passant dès lors plus à l'arrière-plan ? La motivation est sans doute un des éléments les plus importants pour s'adapter et résister au stress.

Pour reprendre l'exemple du boulanger : est-ce que de me lever à 2 heures tous les matins prend le pas sur le fait que je vais préparer du bon pain frais et des croissants pour satisfaire mes clients, ou l'inverse ? Le réveil matinal ne sera pas du tout vécu de la même manière dans les deux cas.

Comme remèdes possibles, nous pensons qu'il est d'abord du rôle du chef d'entreprise de veiller à réduire au maximum les difficultés de cette nature. Certains facteurs sont certes incompressibles, mais le fait qu'ils soient dits et appréciés à leur juste valeur est déjà un remède, car c'est une reconnaissance de la personne dans ses difficultés, beaucoup plus importante que le versement éventuel de primes, dans un caricatural : « Je te paye et tais toi ! » Mais là encore, chacun vivra très différemment les difficultés inhérentes à sa profession, de même que les « avantages » offerts, l'argent étant en première place pour certains, pour d'autres les temps de repos, par exemple.

L'habitude, l'entraînement, l'apprentissage, la formation permanente, la culture, le perfectionnement sont aussi des éléments importants dans la gestion des difficultés liées à la nature du travail. Il y a de multiples façons de procéder, mais la trame commune à toutes réside dans le fait de ne pas ou moins « subir » passivement la réalité. Il vaut mieux, en la matière, s'appuyer sur son inventivité, son expérience et sa capacité d'adaptation que sur des moyens extérieurs et artificiels.

Il existe, bien sûr, un certain nombre de méthodes dont on peut faire usage ; mais elles ne peuvent jamais être déconnectées de ce que chacun est, dans sa personne et dans ses conditions de vie.

De la stimulation… à la motivation

En second lieu, il faut envisager les facteurs liés aux contraintes de la fonction et des objectifs en jeu. Il faut bien dire que nous trouvons là le stress le plus positif, car il correspond généralement à une stimulation professionnelle. Sa saine gestion n'est alors pas forcément orientée vers une diminution, mais vers sa canalisation sur des axes porteurs.

Certains peuvent même trouver satisfaction à rencontrer des difficultés toujours nouvelles pour pouvoir les résoudre et confirmer ainsi l'étendue de leurs capacités (à soi-même comme aux autres).

La gestion du temps peut être déterminante. En effet, les grands enjeux sont souvent assortis d'une grande quantité de choses à faire dans un timing très serré. Une planification rigoureuse et soignée, tenant compte d'une hiérarchie entre l'ordre d'importance et l'ordre d'urgence, ainsi que des caractéristiques subjectives de l'intéressé, permet dans une large mesure d'éviter les effets de panique liés au cumul désordonné des exigences.

Eu égard à l'ampleur de la tâche, souvent génératrice de stress, il est possible d'adopter « la technique des pierres » : le maçon qui veut construire une cathédrale et qui se représente l'ensemble du travail à faire ne commencera jamais le premier mur, tant il ne saura où donner de la tête. Mais s'il concentre son regard sur la pierre qu'il est en train de poser, puis sur la suivante… et ainsi de suite, il construira la cathédrale. Bien entendu, il a besoin d'un plan d'ensemble, mais il doit ensuite ramener son attention sur chaque pierre, pierre par pierre.

Les risques encourus en cas d'échec ou de difficultés doivent être relativisés, ce qui peut s'avérer difficile ; mais il faut à tout prix essayer d'éviter qu'ils finissent par occuper tout le champ de conscience. Le conseil de « penser à autre chose » n'est pas évident à suivre, et dans cette perspective, on ne saurait trop conseiller à chacun de ne pas fonder tout son équilibre sur sa vie professionnelle. Le maintien et le développement d'activités ou de projets extra professionnels est un moyen efficace pour laisser chaque chose à sa place ! La réduction du temps de travail pourrait en fournir l'opportunité plus aisément qu'avant, mais il semble qu'elle soit en fait inversement proportionnelle à la mesure du poids des responsabilités.

On peut ajouter ici qu'une vie culturelle soigneusement entretenue est généralement source d'une certaine sérénité dans les activités que l'on mène. On dit que « la musique adoucit les mœurs », mais cela est également vrai pour les autres arts, ou pour la recherche intellectuelle, historique… etc. Un homme cultivé est celui qui est capable d'attribuer à chaque chose le poids qui lui convient, et de la laisser à sa place. Les exigences de la vie doivent s'imposer à la mesure de celles de la profession, et pas le contraire. Albert Einstein écrivait, dans ses *Conceptions scientifiques, morales et sociales* : « Il me paraît inacceptable de traiter l'individu comme un outil mort. Le développement de la capacité de juger et de penser d'une manière indépendante devrait toujours figurer au premier rang. » C'est ce que la psychologie appelle « être en référence interne », en opposition avec la soif et la recherche sans fin de reconnaissance externe, c'est-à-dire la nécessité du regard d'autrui pour se sentir exister, ce qui finit par être très éprouvant.

Nous citions en introduction ce propos d'Einstein : « Si un homme s'est rendu maître des principes fondamentaux de son sujet et a appris à travailler d'une manière indépendante, il fera sûrement son chemin et sera, en outre, mieux capable de s'adapter aux progrès et aux changements ».

Rappelons que c'est en définitive cette capacité d'adaptation qui est la faculté première de lutte contre le stress. Apprendre à se tenir « en référence interne » en donne la liberté intérieure.

Être à l'écoute...

Troisièmement, abordons les facteurs que l'on peut dire, pour résumer, liés à « l'ambiance de travail ». Ils sont généralement très difficiles à saisir et à maîtriser, d'autant que certains restent parfaitement ignorés des responsables. Il nous paraît non négligeable qu'il puisse exister dans l'entreprise un auditeur « neutre » qui écoute, prenne en compte les difficultés, quitte à les relativiser et à aider l'intéressé à les remettre à leur juste place. Serait-ce là le rôle du médecin du travail ? Ou d'une assistante sociale ? Ou d'un conseil extérieur ? Ou de quelqu'un en interne, qui aurait souci des ressources humaines ?

On pourra rétorquer que, par le fait même de son existence, cette écoute n'aurait pour effet que de créer de nouvelles « revendications ». Dans les débuts de son instauration peut-être, mais beaucoup moins si elle est entrée dans les mœurs car chacun en connaîtra alors plus précisément les objectifs et les limites.

Il ne s'agit pas en effet de constituer un lieu des plaintes et récriminations qui ne peuvent manquer de se produire dans tout groupe constitué, encore moins de satisfaire toutes les demandes qui y sont adjointes. Il s'agit seulement de ne pas ignorer les difficultés rencontrées pour apprécier leur degré, discerner leur validité, sentir la nécessité ou non d'y apporter remède et dans quelle mesure. Il faut en effet tenir un large compte de toutes les formes possibles d'insatisfaction, de celles qui semblent constituer une règle du fonctionnement habituel d'un sujet, jusqu'à la personne qui « encaisse » tout sans se plaindre jamais et qui, parfois, n'en souffre pas moins.

L'aide authentique se mesure à ce qu'elle sait quelle limite il ne faut pas dépasser pour laisser à la personne sa responsabilité et sa liberté ; elle n'attend rien, notamment aucun « merci », car elle n'a peu de choses à voir avec la charité (surtout si la pitié n'en est pas exclue).

Il faut savoir qu'il arrive aussi souvent que l'essai sincère d'« arranger » une situation n'aboutisse au contraire qu'à l'aggraver.

Comment, par exemple, solutionner les problèmes suivants ? : une personne est mise à l'écart et brimée par son équipe parce qu'elle refuse l'alcool que les autres lui propose ou les sorties communes (comme le dit la chanson : « Il est des nôtres, il a bu son coup comme les autres... ») ; quand untel, étranger à la région, arrive à son travail, que ses collègues se mettent à parler patois et ne lui adressent pas la parole ; tel autre n'est plus appelé que d'un surnom très dévalorisant... Personne ne niera le stress que peut provoquer chacune de ces situations. On pourra répondre que le premier n'a qu'à se mettre à boire, ou que les deux autres ont peut-être bien cherché ce qui leur arrive. Ceci est possible, mais ne rend pas une solution « humaine » plus facile.

Il s'agit là de difficultés relationnelles entre personnes d'un même niveau, parfois entretenues par un ou des supérieurs hiérarchiques qui peuvent y trouver leur compte sur le plan d'une certaine démagogie, voire de la division qu'il serait nécessaire d'entretenir pour mieux régner !

Les difficultés relationnelles entre personnes de niveaux hiérarchiques différents sont aussi difficiles à gérer, et là encore, une intervention externe neutre peut aider. Il faut alors se garder de chercher qui a tort ou raison, de désigner un « fautif », de faire appel à ce qui est bien ou mal, mais plutôt permettre aux personnes de s'écouter et de trouver ensemble un compromis viable.

Pouvoir, quand cela est possible, préparer quelqu'un à un futur changement, quel qu'il soit, pour éviter la survenue brutale d'un inattendu (« Nous ne sommes que des pions qu'on manipule », disent certains !) peut être un élément important de prévention d'un stress possible. De même, la manière de donner les ordres peut aussi intervenir : si l'ordre vient d'une nécessité professionnelle argumentée, il est nettement mieux supporté que si la personne a l'impression qu'il ne s'agit que de la volonté arbitraire du « prince » qui décide à son gré.

Toutes ces difficultés peuvent en partie être mises au compte de l'insatisfaction fondamentale de l'homme par rapport à son désir, compliquée de l'agressivité qui en résulte, que nous avons évoquées précédemment. Bien au-delà de toute recette, c'est une meilleure connaissance de la nature humaine qui permet de ne pas se laisser « prendre » dans une situation relationnelle stressante. Nous pouvons, par exemple, relire *Les Caractères* de La Bruyère : les portraits qu'il décrit avec talent et clairvoyance sont une mine précieuse pour relativiser des situations relationnelles compliquées.

Une fois encore, il est préférable, pour gérer ce type de stress, d'apprendre à vivre « en référence interne », de gagner sa liberté intérieure, comme nous l'avons évoqué ci-dessus, plutôt que d'avoir recours à des techniques extérieures, des produits chimiques ou des spiritualités lointaines. Il suffit rarement de prendre seulement la bonne contenance pour résister durablement au stress.

Le dépassement de soi

Nous envisagerons, pour clore notre rapide panorama, la quatrième série de facteurs de stress : ceux dont l'origine est interne et dont le moteur est inconscient. Ils se présentent généralement sous forme de fantasmes – c'est-à-dire d'impressions ou de représentations obsédantes, de productions imaginaires perturbatrices – et il n'est pas possible de les éviter puisqu'ils viennent de « Moi-même ». Il est en effet très difficile de lutter contre une idée dont on ne peut situer l'origine précise – au-delà des prétextes commodes –, et qui envahit plus ou moins tout le champ de la conscience ; une idée qui peut parfois « paralyser » complètement une personne, hors tout raisonnement.

« Il faut se changer les idées », dit-on ; « Pensez à autre chose », « Ce n'est pas vrai, je me fais des idées », « Prenez de la distance, du recul »… Ce sont là des remèdes illusoires, puisque ce qui touche à ce niveau-là est précisément hors du rationnel, sans base « objective », sans description scientifique possible.

Ne pas rester seul, trouver quelqu'un à qui parler peut aider, car cela permet d'objectiver le « problème ». Essayer d'énoncer ce qui se passe en nous permet de prendre du recul et d'y réfléchir plus raisonnablement. Il y a là, par ailleurs, un impact psychologique important ; c'est vieux comme le monde : une oreille qui écoute, même sans essayer d'apporter de réponse, est un soulagement et une sorte de thérapie qui peut vraiment porter des fruits. Cela suppose néanmoins de pouvoir s'appuyer sur une

Mieux vivre…

personne de confiance, à laquelle on puisse se livrer et qui nous « délivre » d'un poids.

La psychothérapie, les thérapies comportementales et autres, la psychanalyse vont au-delà de ce cadre. Si elles ne sont pas utilisées en général au moment et dans les suites immédiates du traumatisme, elles sont plus opérantes sur des modes de réaction du sujet qui lui sont habituelles et peuvent gêner sa vie en entravant sa liberté, opérantes aussi sur les séquelles d'un stress quand elles sont durables sinon « chroniques » (ce qui entre dans le cas précédent).

Paradoxalement, l'écoute des autres est aussi un moyen fondamental de gestion de ce type de stress. Il ne s'agit évidemment pas d'une écoute passive et curieuse, ni de se prendre pour le « psy » de service ! Car alors l'attitude est artificielle, donc inopérante. Il s'agit de considérer nos interlocuteurs comme des personnes uniques, et non comme des individus quelconques. Cela nous fait relativiser un peu nos propres soucis, nous permet d'envisager des points de vues différents, nous sort d'une solitude morbide. Avoir « le souci de l'autre » est une grande force de lutte contre le stress. Il arrive alors qu'on ait plus de facilités à gérer son propre stress en se préoccupant d'abord d'éviter de le provoquer chez l'autre ! Ceci est probablement utopique, mais voudrait stigmatiser l'inhumanité de « Ce n'est pas mon problème, c'est le vôtre ! ».

Une autre solution parfois efficace est de se lancer dans une action ; de « faire » quelque chose pour éviter, par la réalisation d'une quelconque « production », une rumination mortifère sans fin. Le risque en est un activisme permanent, mais en attendant cela peut « déplacer » le problème pendant un certain temps.

Nous n'insisterons pas à nouveau sur la prévention du stress par l'expérience, l'entraînement, le conditionnement (comme on peut former les futurs astronautes à tous les incidents et accidents qui peuvent survenir pendant leur vol).

Finalement, tous ces « remèdes », au demeurant bien connus, ne sont valables que si l'on peut croire en leur efficience, avec le désir de se sortir du « mauvais pas » qui peut nous faire provisoirement « boiter » ! Il n'y a rien de pire en effet que le « De toute façon, ça ne servira à rien ! », car, si cela est peut-être vrai, il n'en reste pas moins que la mise en œuvre de ces remèdes est un signe positif d'une vitalité qui est à conforter dans sa tentative.

Une méthode pratique

Il est possible, par contre, de dresser les grandes lignes d'une méthode que l'on peut adopter à chaque fois pour gérer son stress.

La perception d'une évolution, par l'intermédiaire de signaux d'alerte explicites ou implicites. Le questionnaire que nous proposons à la fin de cet ouvrage propose une liste de ces signaux ; il constitue – pratiqué à intervalle régulier – une bonne façon de maintenir une « veille » sur son état de stress.

L'accommodation, qui désigne la fonction de proportion de son jugement et de ses attitudes par rapport à la situation nouvelle. Il faut poser un diagnostic le plus clair possible ; il s'agit ici de surmonter son stress initial pour prendre objectivement – au besoin avec l'aide d'autres personnes de confiance – la mesure des opportunités et des risques encourus.

L'assimilation, qui est la propriété de nourrir son système de représentations de nouvelles données à relier aux anciennes. Il faut voir les choses autrement ; changer son point de vue, analyser les enjeux de pouvoirs et de contraintes, anciens et nouveaux, que révèle le changement.

L'intégration, correspondant à une véritable appropriation du « progrès » réalisé. Il s'agit de trouver des solutions opérationnelles pour vivre et faire vivre le changement de manière positive ; de développer et stabiliser l'apprentissage de ce changement par une communication maîtrisée. Savoir montrer que l'on s'adapte et que l'on évolue est dans la plupart des cas le meilleur remède au stress, car il nous restaure – à nos propres yeux – dans le regard des autres.

Conclusion

Brève synthèse

Nous avons donc vu que l'homme, dans son existence, est confronté à des stress d'intensité variable, soit ponctuels (tel le « coup de tonnerre dans un ciel serein »), soit plus durables par leur répétition, ou par les séquelles installées dans le premier cas.

Les trois origines essentielles en sont :

- le milieu extérieur, et nous y avons fait entrer toutes les grandes catastrophes, qu'elles soient personnelles ou qu'elles touchent un plus grand nombre de victimes ;
- nos rapports avec les autres êtres humains ;
- les avatars de notre propre existence, que ce soit dans notre corps, voué à redevenir poussière, ou dans notre esprit, avec ces signaux d'alarme que constituent la douleur et l'angoisse.

Nous avons voulu privilégier dans nos exemples la vie professionnelle. Il est impossible d'y éviter tout stress. Chacun réagira en fonction des qualités et des capacités qui lui auront été apportées par l'éducation, en fonction de l'expérience acquise dans la vie et aussi dans la profession, en fonction aussi de l'espace et du temps que ce « chaque un » peut se donner ou que les autres peuvent lui accorder pour s'adapter en intégrant de nouvelles données.

« À quelque chose malheur est bon », selon le dicton. Tout stress devrait ainsi pouvoir constituer pour le sujet le point de départ et un moteur de progrès dans une vie sans cesse nouvelle. Si cela n'était pas le cas, devoir nous est fait de prendre en compte ceux pour lesquels il constitue un facteur d'inhibition et un obstacle lourd qui peuvent handicaper ou supprimer tout désir d'avancée personnelle et professionnelle.

deuxième partie

Méthode et outils

Méthodologie d'appréciation et de suivi du niveau de stress

Chacun l'a sans doute compris, à le vivre au quotidien dans son travail : le « stress » n'est pas une réalité identifiable comme un objet, facilement descriptible et toujours identique. Le nombre de facteurs qui entrent en jeu dans ce que l'on pourrait trivialement appeler notre « agitation intérieure » sont trop nombreux pour être analysés séparément ; qui plus est, leur interdépendance même fait qu'ils se déterminent en partie les uns les autres : un souci familial me rendra plus sensible à telle réflexion de mon hiérarchique, et le mécontentement d'un client survenant par dessus prendra sans aucun doute un relief négatif accentué en moi. Au demeurant, le relief ne sera pas moindre – mais inversé en positif – si d'excellentes nouvelles m'avaient mis le moral « au beau fixe », comme on dit.

En outre, l'actualité « mondiale », suivie désormais « en temps réel », crée une sensibilité accrue qui pèse évidemment sur nos jugements et nos réactions. Ce facteur est d'autant plus pernicieux qu'il est la plupart du temps inconscient, pénétrant nos sphères professionnelles et privées par osmose, par immersion dans une culture d'inquiétude. Il est frappant, par exemple, de voir la

Bourse réagir à l'ensemble des événements qui se déroulent sur la planète, même lorsqu'ils ne concernent pas forcément les entreprises dans leurs activités. C'est un révélateur, mais nous fonctionnons tous, dans notre moral et notre psychologie, d'une manière ou d'une autre et, que nous le voulions ou non, en réaction aux environnements qui tissent notre quotidien.

Tous ces éléments font qu'il est souvent délicat d'isoler une cause de stress exclusive. Une évaluation de stress réalisé dans une équipe, par exemple, au lendemain d'une annonce d'un plan de licenciement dans leur entreprise, reflètera inévitablement un état d'esprit morose, même si le plan en question ne concerne pas directement l'équipe. Deux évaluations successives réalisées à quelques semaines d'intervalle dans deux contextes différents pourront voir leurs résultats évoluer de manière significative. Le choix du moment où l'on évalue le stress d'une personne ou d'une équipe est donc très important. Le but est évidemment, si l'on veut faire un travail objectif, de relativiser autant que faire se peut les éléments parasites, afin d'identifier un état réel de stress, eu égard à des causes identifiables.

Il n'y a pas, pour se faire, de techniques ou de « ficelles » systématiques. Le manager qui souhaiterait obtenir un reflet fidèle de l'état de stress de son équipe, éventuellement de façon récurrente, devra ainsi faire preuve de discernement et de prudence. Il convient également de conduire à ce propos une communication solide, afin que les personnes concernées se placent bien dans le même souci d'objectivité.

L'appréciation du niveau de stress conduit à la « reconnaissance » de ce stress et, par conséquent, à son objectivation. Là encore, la difficulté est d'apprendre aux personnes à traiter cette information de façon constructive, pour créer une dynamique d'adaptation et de résolution. Dans la plupart des cas, la reconnaissance du stress a un effet psychologique positif, celui d'une prise de conscience individuelle et collective qui fait baisser la tension ou la crispation ; la solidarité et le soutien mutuel qui peuvent en découler a, en général, des conséquences bénéfiques sur le fonctionnement de l'équipe.

Néanmoins, il peut arriver que certaines personnes réagissent à l'inverse et que la prise de conscience concrète de leur stress les conduit, au contraire, à se plaindre ou à baisser les bras. Il y a alors matière à une intervention managériale qui aide à franchir le cap. En tout cas, il faut comprendre que ce qui pourrait sembler être un « effet pervers » de l'appréciation du niveau de stress doit plutôt s'interpréter comme un révélateur : tôt ou tard, le problème serait apparu et en plus grave !

La méthodologie d'appréciation récurrente et régulière du niveau de stress permet ainsi d'anticiper des difficultés et d'orienter les actions à mener pour « régler les problèmes dans l'œuf », selon l'expression consacrée.

On peut être vraiment convaincu que cette sorte de suivi des personnes est une dimension efficace, aujourd'hui, de la gestion des ressources humaines dont tout manager a la charge.

Les outils que nous vous proposons ci-après ont été conçus pour éviter les deux écueils de l'indifférence et de la transformation en « psy » du manager. Mais si vous les utilisez pour vous-mêmes, ils vous éviteront tant la dénégation affichée de votre stress que l'introspection permanente qui a toujours tendance à nous refermer sur nous-mêmes.

Notre « bilan de stress » a été éprouvé de manière pragmatique par des personnes privées ou des responsables qui ont pu en apprécier la portée et l'utilité au cours du temps.

Le « bilan stress », un outil d'appréciation et de suivi du niveau de stress

Un « bilan de stress » permet de mesurer, sur une échelle arbitraire, un niveau de stress pour une personne donnée.

Pratiqué à intervalle régulier, il permet à cette personne d'apprécier l'évolution de son niveau de stress, d'en suivre l'aggravation ou l'amélioration, tout en se référant à une « norme » commune. Il utilise pour ce faire un certain nombre de signes de stress reconnus dans les milieux professionnel et médical.

Il faut noter que les perceptions étant souvent différentes entre les personnes, il faut demeurer conscient de leur caractère subjectif, notamment dans le rapport du score individuel au panel général. C'est donc bien dans la réitération périodique de ce bilan que se situe son intérêt.

Un signe de stress vient manifester un constat ; il n'indique absolument pas la cause du stress. Comme nous l'avons dit, quelqu'un peut être stressé dans son travail pour des raisons de vie personnelle et strictement privées. Bien souvent d'ailleurs, l'homme n'étant pas morcelable, les causes interagissent et c'est un ensemble personnel/professionnel qu'il faudrait considérer, dans une perspective de gestion globale.

Ce questionnaire privilégie les signes de stress qui sont en corrélation avec la vie professionnelle ; c'est-à-dire qu'il vise à recentrer le bilan sur les causes dues au travail : c'est l'objet de la dernière grande rubrique : la « répartition des causes objectives ». Elle amène à trouver une proportion – certes toujours arbitraire, mais répondant à la perception de l'intéressé – entre les causes dues à la situation professionnelle et celles dues à la vie privée.

Il est possible de distinguer quatre grandes sortes de signes que l'on peut caractériser :

- **des signes physiques et physiologiques.** L'homme est une unité psycho-somatique ; il n'y a pas de stress réel qui ne se manifeste dans son corps et son fonctionnement. L'observation de troubles ou de perturbations, par rapport à notre état normal, constitue donc un révélateur. Il conviendra évidemment de s'assurer qu'ils ne sont pas dus à une cause chronique (maladie ou lésions physiques antérieures par exemple).

- **des signes moraux et psychologiques.** Dans la même logique, le stress a inévitablement des répercussions sur la manière dont nous nous ressentons nous-mêmes, sur la manière dont nous « vivons » les choses. La perception que nous avons de nous-mêmes n'étant pas toujours très objective, il peut être ici utile de s'appuyer sur les remarques que les autres nous font, voire de consulter à ce sujet quelques amis de confiance, qui ont un œil plus « aiguisé ».

- **des signes relationnels et sociaux.** Mais le stress a également des effets sur nos relations avec les autres. En général, il cause des réactions de défense et de fermeture de la personne. Une attention portée à ces signes relationnels et sociaux est souvent la porte d'entrée – parce que plus visible et constatable – à un questionnement sur son niveau de stress. Au plan professionnel, les conséquences en sont patentes.

- **des signes intellectuels et professionnels.** Enfin, le stress se manifeste dans nos capacités de jugement et de réflexion. Ce sont évidemment les conséquences les plus incapacitantes au plan professionnel ou privé, car elles nous privent du recul et la capacité d'analyse qui nous auraient permis de contrôler, maîtriser et gérer notre stress lui-même ! Il faut y porter la plus grande attention, car ils nous font habituellement entrer dans une spirale d'échecs dont nous avons le plus grand mal à nous sortir.

Le poids respectif de ces quatre catégories n'est pas, du reste, identique ; une logique purement linéaire ne permet pas d'interpréter les résultats de façon univoque.

Ainsi, par exemple, une forte concentration professionnelle pourra se marquer dans certains de ces signes, sans que le stress correspondant ne soit pour autant négatif. Aussi faut-il bien traiter le questionnaire suivant dans sa logique d'ensemble. Il comporte dix questions dans chacune des catégories que nous avons décrites, correspondant chacune à un « révélateur » effectif.

On comptera :

0 si le signe n'apparaît pas.

1 s'il apparaît de temps en temps.

2 s'il apparaît plus régulièrement.

3 s'il est permanent.

Un exemple de renseignement du questionnaire et de comptabilisation du résultat vous est fourni : page (86)

Questionnaire

A / Signes physiques et physiologiques	0	1	2	3
Je ressens de la crispation (contractions musculaires, tendance à sursauter, etc.).				
Je ressens de la nervosité (tremblements, gestes saccadés, besoin constant de bouger, etc.).				
J'ai besoin de me masser le front, les mâchoires, la nuque ou le cou.				
Je ressens une oppression dans ma poitrine ou au niveau du cœur (points douloureux, difficultés à respirer, palpitations, etc.).				
J'ai des maux de tête.				
Je ressens une fatigue inexplicable (yeux cernés, jambes douloureuses, grande lassitude, etc.).				
Je sens une boule dans l'estomac ou dans la gorge.				
J'ai des troubles du sommeil (difficulté à m'endormir ; je me réveille et ai du mal à me rendormir, etc.).				
J'ai des problèmes de digestion (brûlures d'estomac, régurgitations, constipation, diarrhées, etc.).				
J'éprouve de l'inquiétude pour ma santé.				
Total additionné par colonne	0			

Total des quatre colonnes	

Le stress, cet ami caché

B / Signes moraux et psychologiques	0	1	2	3
J'ai tendance à dramatiser et à voir les choses en noir.				
Je ressens une hyper-sensibilité (rire, larmes, colère, etc.).				
Je m'inquiète plus qu'il ne faut et j'ai tendance à paniquer.				
Je réagis avec agressivité (ou avec résignation) à la moindre contrariété.				
Je n'ai plus de ressort ni d'enthousiasme.				
Je consomme davantage d'alcool, de café, de tabac… ou de médicaments et/ou de drogue.				
Je n'arrive plus à me réjouir des bonnes choses de la vie.				
Je ne me reconnais plus, j'ai l'impression de ne plus être moi même.				
Je suis déprimé.				
J'ai des idées suicidaires.				
Total additionné par colonne	0			

Total des quatre colonnes	

C / Signes relationnels et sociaux	0	1	2	3
J'évite les gens que je connais, car je pense qu'ils vont me demander quelque chose.				
J'appréhende les nouveaux contacts.				
Je me compare sans arrêt aux autres en ayant tendance à me sous-estimer. J'ai toujours l'impression d'avoir quelque chose à me reprocher.				
Je suis agressif et ne supporte plus la contradiction.				
Je n'ai plus envie d'être à l'écoute des autres.				
Je me sens inutile et j'ai tendance à m'isoler.				
J'ai tendance à avoir des jugements caricaturaux, stéréotypés. Je ne remets plus en cause mes préjugés.				
Ma vie associative, spirituelle, culturelle a changé.				
Je ne sors plus jamais ; être en société me demande un effort démesuré rien que d'y penser.				
Je ne fréquente plus mes amis ni ma famille.				
Total additionné par colonne	0			

Total des quatre colonnes	

D / Signes intellectuels et professionnels	0	1	2	3
J'ai des troubles de la concentration (pensée confuse, trous de mémoire, dyslexie inhabituelle, perte de temps).				
Je suis submergé par la complexité de la moindre chose.				
Je ne fais plus qu'exécuter des tâches, sans rien produire intellectuellement.				
Je n'ai plus envie d'apprendre ou de me former.				
J'ai tendance à dévaloriser mon travail. Je n'ai plus confiance dans mes propres capacités et dans mon avenir.				
Je deviens méfiant et négatif vis-à-vis de ma hiérarchie, dès qu'elle se manifeste.				
Je me sens systématiquement exploité.				
J'appréhende totalement les entretiens professionnels et les évaluations.				
Je retarde au maximum le moment d'entrer dans l'entreprise (je reste dans ma voiture, je fais les cent pas devant le bâtiment, etc.).				
J'ai envie que tout s'arrête ; je suis tenté de démissionner.				
Total additionné par colonne	0			

Total des quatre colonnes	

Exemple de renseignement du questionnaire

A / Signes physiques et physiologiques	0	1	2	3
Je ressens de la crispation (contractions musculaires, tendance à sursauter, etc.).		1		
Je ressens de la nervosité (tremblements, gestes saccadés, besoin constant de bouger, etc.).		1		
J'ai besoin de me masser le front, les mâchoires, la nuque ou le cou.	0			
Je ressens une oppression dans ma poitrine ou au niveau du cœur (points douloureux, difficultés à respirer, palpitations, etc.).	0			
J'ai des maux de tête.			2	
Je ressens une fatigue inexplicable (yeux cernés, jambes douloureuses, grande lassitude, etc.).		1		
Je sens une boule dans l'estomac ou dans la gorge.	0			
J'ai des troubles du sommeil (difficulté à m'endormir ; je me réveille et ai du mal à me rendormir, etc.).			2	
J'ai des problèmes de digestion (brûlures d'estomac, régurgitations, constipation, diarrhées, etc.).	0			
J'éprouve de l'inquiétude pour ma santé.				3
Total additionné par colonne	**0**	**3**	**4**	**3**

Le stress, cet ami caché

Comment interpréter ?

On additionnera donc, par grande rubrique, les points cumulés, obtenant ainsi une note sur 30 points – chacune des rubriques comportant 10 questions, 30 y représente le score maximal de stress possible.

En outre, les rubriques successives manifestant des inconvénients croissants sur le plan professionnel, elles seront respectivement affectées d'un coefficient de 1 à 4. Les quatre rubriques étant numérotées de A à D, on obtiendra ainsi le score final :
[(total A x 1) + (total B x 2) + (total C x 3) + (total D x 4)], donnant une note sur 300 points[1].

Les questions de ce bilan sont pensées pour manifester un stress réel, et non des aléas quotidiens dans une vie professionnelle. Elles sont donc exigeantes et n'ont pas tendance à surestimer des signes ponctuels ou marginaux.

Les tableaux récapitulatifs seront conservés, à fin de comparaisons entre les mesures successives, recommandées tous les trois mois. Il est ainsi possible de suivre l'évolution de son niveau de stress, ou d'ailleurs celui d'une population donnée.

Néanmoins, dans une perspective professionnelle – utile à l'intéressé pour adapter des modifications éventuelles ou mesurer l'impact de son action – il faut tenir compte de la répartition des causes de stress ressenties comme objectives. Il sera donc amené à départager le pourcentage de son stress qu'il attribue à sa vie professionnelle de celle qu'il attribue à sa vie personnelle. Ainsi, le « total professionnel pondéré » est-il calculé par le produit suivant :

---

1. Le score maximal de stress serait en effet :
[(30 x 1) + (30 x 2) + (30 x 3) + (30 x 4)] = [30+60+90+120] = 300.

(Score général) x (% causes professionnelles) = total stress professionnel pondéré.

Ainsi, par exemple, une personne ayant obtenu 90/300 de score général, et estimant que 70 % de son stress est dû à sa situation professionnelle, contre 30 % à sa vie privée, aura un total professionnel pondéré de : 90 x 70 % = **63/300**.

Cette rubrique annexe se justifie dans le cadre de la mesure de climat socioprofessionnel et des actions managériales pouvant avoir une influence. (Ce ne sont pas en effet les mêmes attitudes à envisager si les causes principales sont attribuées à l'entreprise ou au domaine privé).

Interprétation des résultats

Tel qu'il est conçu, ce bilan stress est fait pour diagnostiquer des niveaux de stress devant déclencher, en conséquence, des attitudes et comportements particuliers : de la part du professionnel d'une part ; de la part de son encadrement d'autre part.

Les outils d'interprétation que nous vous proposons sont à prendre de manière dynamique, et non statique ou mécanique. En outre, les « fourchettes » que nous donnons dans les tableaux ci-après représentent des tendances et non des vérités définitives. Aussi, en cas de résultat présentant un caractère que la personne concernée ou son encadrement estimeraient « anormal », eu égard aux environnements et contextes contemporains, il pourra être prudent de réitérer l'évaluation peu de temps après, dans des conditions éventuellement différentes.

Plusieurs types d'interprétations peuvent être conduites, à partir du même questionnaire.

Quant au score **total** individuel obtenu :

Score (/300)	Interprétation	Conséquences
De 0 à 50	Niveau de stress usuel dans une vie professionnelle moderne.	Aucune.
De 50 à 100	Niveau de stress correspondant à une situation tendue ; usuelle, si elle est passagère (coup de collier) ; anormale, si elle est constante.	Identification des causes. Vigilance. Suivi trimestriel.
De 100 à 150	Niveau de stress anormal dans une vie professionnelle ; tendance à la dérive.	Il faut changer quelque chose. Identification de la cause principale. Plan de changement. Suivi bimensuel.
De 150 à 200	Niveau de stress inquiétant mettant la personne en danger réel ; et son champ de responsabilité dans l'entreprise en risque d'inefficacité et d'échec.	Changement impératif. Déconnexion, au moins temporaire, des causes principales. Suivi mensuel.
> 200	Niveau de stress pathologique engendrant incapacité effective et inadaptation non résorbable.	Changement urgent. Déconnexion totale des causes. Consultation médicale obligatoire. Convalescence adaptée à l'avis médical.

Quant au score par catégorie :

Un score de 20 dans le total des quatre colonnes d'une catégorie (sans être affecté de son coefficient), même si le total général est acceptable, doit déclencher une analyse des causes et une réaction appropriée. Il est rare en effet que le stress ne se manifeste que par des signes d'un seul type. Le cas échéant, un avis médical sera souhaitable, afin de vérifier si d'autres causes que le stress (maladie notamment) ne sont pas à l'origine des signes.

La répartition des scores dans les quatre catégories donne une indication sur les conséquences professionnelles du stress :

Des scores décroissants de A à D indiquent un impact faible sur l'efficacité professionnelle.

À l'inverse, des scores croissants de A à D indiquent un impact réel sur l'efficacité professionnelle.

Précisons encore une fois qu'il s'agit d'une tendance globale et non d'une suite croissante ou décroissante régulière. Nous considérons en effet que les signes intellectuels, moraux ou relationnels sont plus incapacitants dans le quotidien professionnel que les signes physiques et physiologiques. Un coup de collier à donner sur une affaire importante, par exemple, pourra fort bien engendrer des tensions matérielles (effets sur le sommeil, sur la digestion, contractions, etc.), sans pour autant nous faire perdre nos moyens et la maîtrise de nos compétences. En revanche, un véritable stress chronique se reportera toujours du physique sur les trois autres catégories, avec des effets négatifs patents.

Enfin, il sera possible de suivre l'évolution du **stress collectif pondéré** d'une population donnée (équipe, service, département, entreprise, …) par la moyenne simple :

(Somme des totaux professionnels pondérés de la population) / nombre de professionnels de la population) = stress professionnel collectif pondéré.

Cet outil d'interprétation présente une utilité particulière pour suivre et analyser les conséquences d'une action managériale ou d'un programme de changement, par exemple.

Dans cette perspective, en tenant compte des effets de cumuls et des interactions socioprofessionnelles, il convient d'interpréter le stress collectif pondéré sur un panel différent du panel individuel :

Score (/300)	Interprétation	Conséquence
De 0 à 30	Stress usuel pour une équipe dans la vie professionnelle moderne.	Aucune.
De 30 à 60	Niveau de stress correspondant à une situation tendue ; usuelle si elle est passagère (coup de collier) ; anormale si elle est constante.	Identification des causes. Vigilance. Suivi trimestriel.
De 60 à 100	Niveau de stress anormal dans la vie d'un collectif ; tendance à la dérive. Risque de conflits lourds ou de départs.	Il faut changer quelque chose. Identification de la cause principale. Plan de changement. Suivi bimensuel.
> 100	Situation urgente et contre-performance grave à court terme.	Intervention extérieure à l'entité professionnelle. Mise à plat complète des causes et remède. Changement et suivi.

Résultats

Le tableau suivant présente les résultats du questionnaire, pondérés par l'impact de chacune des catégories sur l'activité professionnelle.

Tableau récapitulatif des signes de stress	Total	Résultat
A / Signes physiques et physiologiques	…. x 1 =	
B / Signes moraux et psychologiques	…. x 2 =	
C / Signes relationnels et sociaux	…. x 3 =	
D / Signes intellectuels et professionnels	…. x 4 =	
Total général		…../300

Une deuxième pondération permet de recentrer le résultat du questionnaire sur les causes professionnelles du stress. Pour être plus « subjective », cette deuxième pondération n'en est pas moins importante, car elle situe l'appréciation de la personne elle-même sur la répartition des causes. Or, en matière de psychologie, la perception que le sujet a de son propre état n'a pas moins de conséquence que son état réel. Prenez-en pour exemple notre rapport à la « fatigue » : certaines se vivent très bien, quoique bien réelles… et d'autres se vivent très mal, quoique moins fondées réellement.

Répartition, en pourcentage, des causes de stress ressenties comme objectives	
Situation personnelle (Comprend les situations : familiale, financière, juridique, médicale, de logement…)	…%
Situation professionnelle	…%
Total pondéré professionnel	

Il est possible, de la même manière, d'apprécier le niveau pondéré d'une équipe. Les causes professionnelles prennent alors un caractère plus objectif, si elles sont partagées par tous. Dans le cas contraire, cet outil permet d'identifier un problème professionnel individuel, à traiter différemment.

Niveau de stress professionnel collectif pondéré de l'entité	
Monsieur x	Total pro. Pondéré : …/300
Monsieur y	…/300
Monsieur z	…/300
…	…/300
Total pondéré professionnel	**Moyenne simple :** somme des résultats individuels / nombre d'individus

Interprétation individuelle

Résultat global personnel, avec comparaison des deux tests antérieurs (on pourra indiquer les dates) :

Tableau récapitulatif des signes de stress	Total	Résultat actuel	Résultat précédent	Résultat ante précédent
A / Signes physiques et physiologiques	... x 1 =			
B / Signes moraux et psychologiques	... x 2 =			
C / Signes relationnels et sociaux	... x 3 =			
D / Signes intellectuels et professionnels	... x 4 =			
Total général		.../300	.../300	.../300

Mesure des causes objectives, selon l'intéressé

Répartition, en pourcentage, des causes de stress ressenties comme objectives	
Situation personnelle (Comprend les situations : familiale, financière, juridique, médicale, de logement…).	…%
Situation professionnelle	…%
Total pondéré personnel	
Total pondéré professionnel	

Comparaison du résultat de l'intéressé aux collectifs dans lesquels il s'insère

Cet outil propose une analyse croisée globale du niveau de stress, à un niveau supérieur. Il permet de relativiser des difficultés individuelles et/ou de diagnostiquer une sphère particulière de stress. Si, par exemple, un niveau de stress élevé est constatable jusqu'au niveau du service, il conviendra de s'interroger sur le fonctionnement du service dans son ensemble ; si le niveau de l'équipe est supérieur à celui du service, le problème peut être plus circonscrit, quelle que soit sa nature.

Total pondéré professionnel individuel	…/300
Total pondéré professionnel collectif de l'équipe	…/300
Total pondéré professionnel collectif du service	…/300
Total pondéré professionnel collectif de la direction ou du département	…/300
…	…/300

Le stress, cet ami caché

Les graphes d'analyses comparées

Nous vous proposons ensuite plusieurs graphes d'analyse. Ces derniers sont fondés sur la visualisation de niveaux de stress « comparés », c'est-à-dire insérés dans leur contexte professionnel. Ils présentent un intérêt particulier lorsque les évaluations sont menées de manière récurrente et visent à percevoir les évolutions au cours du temps.

Graphe d'appréciation de son stress et de son évolution, avec comparaison au collectif

Ce graphe sert à situer les capacités d'adaptation d'un individu, en référence aux divers collectifs ou environnements dans lesquels il évolue.

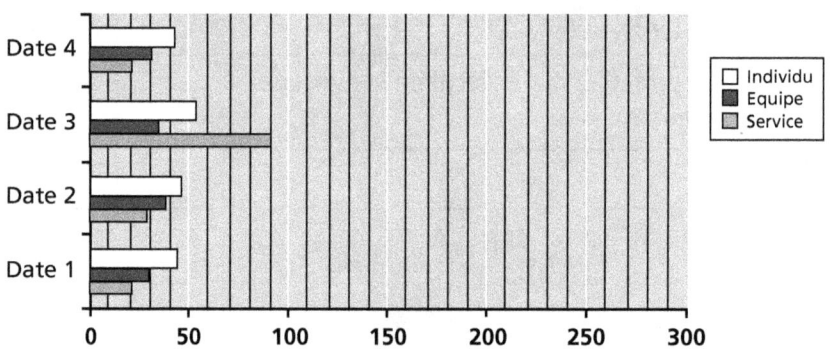

Graphe d'analyse de la courbe de tendance des signes de stress

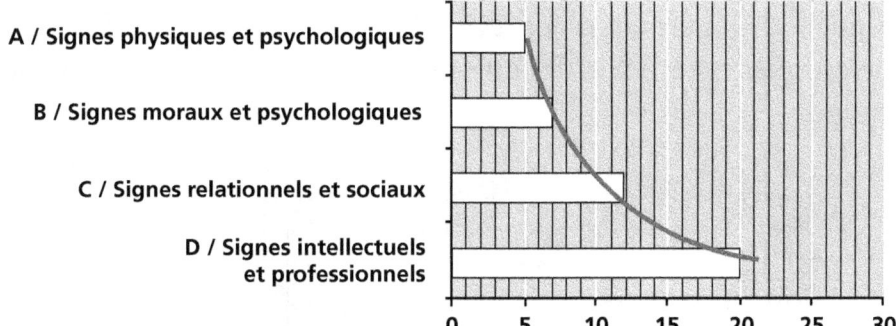

Ce graphe peut être individuel ou collectif. Compte tenu du fait que les quatre rubriques sont à impact croissant sur la performance professionnelle, on peut dire que :

- si la courbe de tendance est décroissante, le diagnostic est professionnellement négatif, c'est-à-dire que le stress de la personne ou du collectif concernés se répercutera de manière significative sur ses performances ;
- si elle est croissante, le diagnostic est professionnellement positif, c'est-à-dire que le stress de la personne ne se répercutera pas trop sur ses performances.

Le stress, cet ami caché

Synthèse des niveaux de stress de l'équipe

Ce graphe ne prend en compte que les niveaux professionnels pondérés. Il permet d'apprécier les interactions et influences réciproques éventuelles des niveaux de stress individuels dans une équipe.

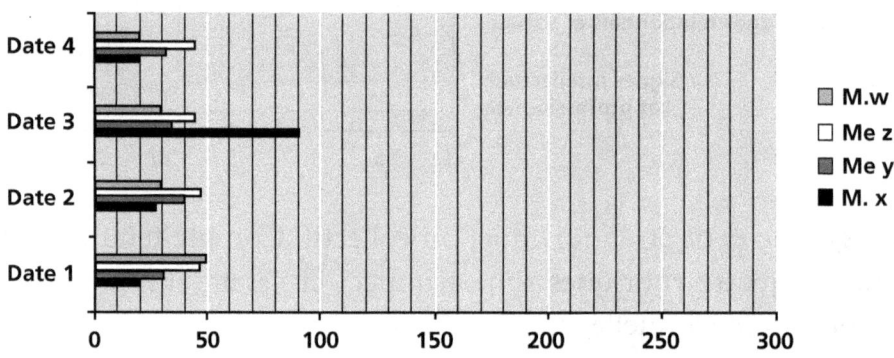

Évolution des niveaux de stress par catégorie

Ces graphes par catégorie permettent de suivre l'évolution de l'impact du stress sur la vie professionnelle. À signes physiques et physiologiques stables, par exemple, il peut être intéressant de voir comment progressent au cours du temps les signes plus incapacitants. Là encore, c'est un certain reflet de la capacité d'adaptation réelle d'une personne.

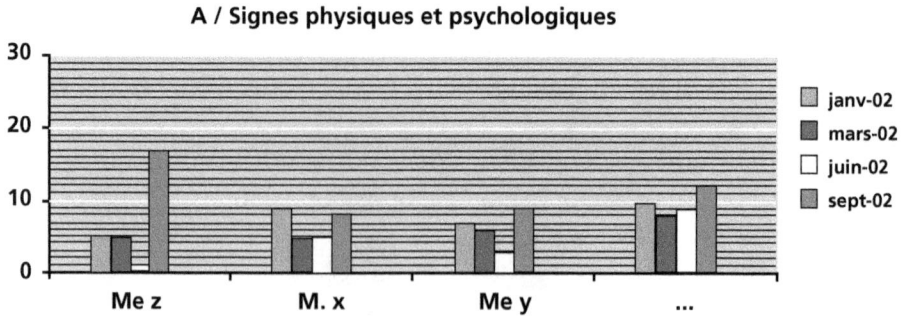

Méthodologie d'appréciation et de suivi du niveau de stress

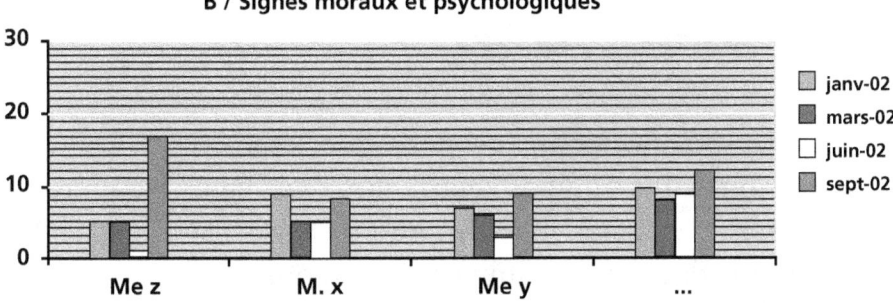

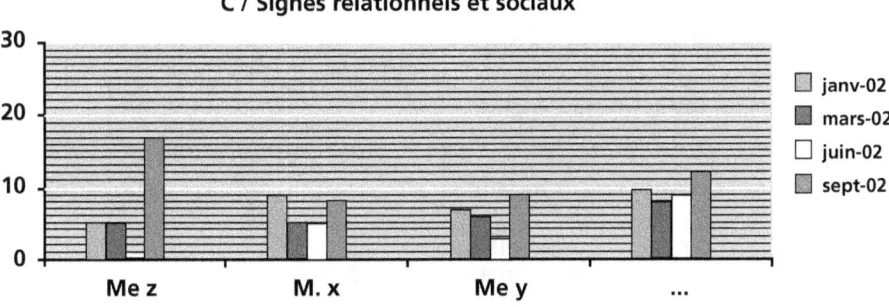

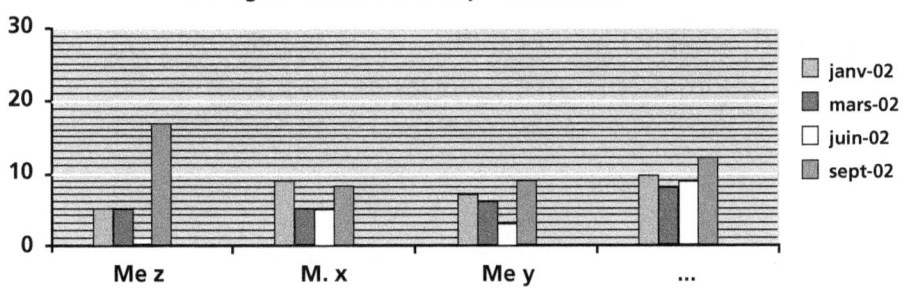

Le stress, cet ami caché

Synthèse des catégories de signes pour l'équipe (obtenue par moyenne simple des scores par catégorie, sans coefficients)

Ce dernier graphe, enfin, propose une analyse des capacités d'adaptation d'une équipe. Reposant sur un tri croisé entre les individus, par catégorie, il permet de « mettre à plat » l'état global de stress et le degré de son impact professionnel.

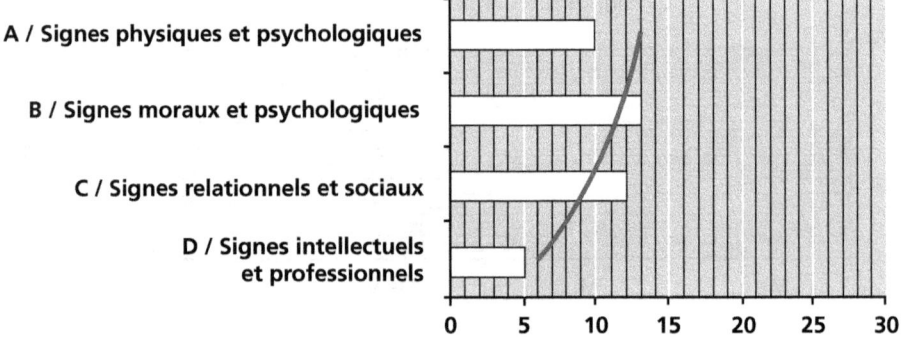

Les remarques sur l'interprétation de la courbe de tendance de l'équipe sont les mêmes que pour les individus.

Épilogue

Qu'il nous soit permis, en guise d'épilogue, d'ouvrir une réflexion de fond sur « le mal du siècle ».

Ce qu'on ne vous dit jamais quand on parle du stress

Comment peut-il se faire, en effet, que notre monde occidental connaisse autant de doutes et d'inquiétudes, de suspicion et de souffrance, d'exclusion et de solitude... sources profondes du stress ambiant, alors que la stabilité économique – surmontant désormais chaque crise – et les progrès techniques nous poussent plutôt à l'optimisme et que nos possibilités d'avenir ne nous y incitent pas moins raisonnablement ?

C'est que, il faut bien le reconnaître, c'est **l'humain** lui-même qui est en crise. C'est le regard que nous portons sur les autres et sur le monde – et, partant, la façon dont nous nous sentons nous-mêmes perçus et traités – qui rend peu à peu la vie... invivable !

Un besoin de reconnaissance

Sans tomber dans un sentimentalisme de mauvais aloi, nous pouvons constater en effet, si l'on y regarde bien, que toute l'Histoire de l'humanité n'est que l'histoire du besoin d'aimer et d'être aimé. Les amours et les haines ont fait le monde, plus que tout autre facteur. Toutes les convoitises, tous les désirs, sources de conflits et d'alliances, prennent leur source dans ce besoin de reconnaissance du regard des autres. C'est vrai des individus, des groupes, des pays… et aujourd'hui des continents ! C'est vrai du monde professionnel et de la vie familiale ; c'est vrai de toute vie sociale et de toute passion. Tout se passe comme si le sentiment d'être quelqu'un venait davantage des autres que de nous-mêmes. L'enfant est d'abord motivé par l'intérêt qu'il occasionne, et les adultes que nous sommes ne diffèrent pas, sur ce point, des enfants que nous étions… C'est que l'homme est par nature un animal social, comme disaient les philosophes de l'Antiquité, et qu'il ne peut concevoir son bonheur – besoin universel s'il en est – sans ce rapport constitutif à d'autres que lui-même.

Ce besoin d'être reconnu pour être heureux revêt d'ailleurs un caractère paradoxal, puisqu'il est, comme tout besoin, à la fois intime et parfaitement impersonnel. Si c'est bien nous, en effet, « unique au monde », qui portons passionnément ce désir, ce sont tous les hommes qui découvrent en eux ce même désir sans l'avoir décidé. Comme nous ne pouvons survivre sans respirer, il semble que nous ne puissions nous épanouir sans ce regard que l'autre porte sur nous : un regard qui semble pouvoir nous appeler et faire advenir le meilleur… ou nous juger et nous enfermer dans la stérilité.

Des moyens sans précédents

C'est bien à la satisfaction de ce besoin que l'humanité a voulu travailler tout au long de son histoire. La recherche constante de progrès, dans tous les domaines, n'a pas eu de moteur individuel et collectif plus puissant que celui-là.

Le constat est aujourd'hui manifeste : nous n'avons jamais disposé d'autant de moyens pour satisfaire ce besoin. Bon gré mal gré, nous vivons dans des démocraties qui ont multiplié et garanti nos droits et nos possibilités d'actions. L'économie est aujourd'hui mondiale, entraînant derrière elle la politique et la culture ; et quelles que soient les peurs que ce phénomène engendre, l'homme contemporain est citoyen du monde. Or, si nous ne pouvons être heureux qu'en tissant des relations gratifiantes avec d'autres, il semble que nous soyons invités à nous réjouir des nouvelles perspectives qu'offre notre temps ; d'autant que la communication et les échanges se trouvent quasiment placés, par les Technologies de l'Information et de la Communication, dans une unité de temps, de lieu et d'action.

Un échec apparent

Cependant, il est accablant de constater qu'en supprimant de plus en plus les distances, les hommes ne sont pas pour autant plus proches les uns des autres. C'est même le contraire qui se produit : jamais le sentiment de solitude n'a été aussi grand ; la vraie rencontre avec autrui n'est pas d'actualité.

Cette « ouverture » sur le monde, exigeant tant et tant de maîtrise, conduit paradoxalement à une tiède et fausse tolérance dans laquelle notre identité personnelle et culturelle perd toute sa substance. Elle s'oriente même de plus en plus fréquemment vers un repli sur soi, vers une appréhension maladive de tout ce qui est étranger, ou tout simplement de tout ce qui nous dérange.

Le réveil est brutal : nous ne rêvons plus d'un progrès source de bonheur universel, comme l'ont affirmé tant de penseurs depuis les « Lumières ». Plus que jamais notre soif est inassouvie. Nous découvrons en nous un grand désir, d'une tout autre nature, que rien de tout cela ne saurait combler ! Au contraire, tout se passe comme si l'impressionnante facilité que nous avons à satisfaire indéfiniment nos besoins matériels mettait en relief, par contradiction, l'acuité de ce désir de relation et d'intimité plus authentique, plus réelle.

Sans doute trouvons-nous là la raison d'une désespérance intime sans précédent, caractéristique inattendue de notre début de millénaire. Le divorce semble aujourd'hui consommé entre ce désir de fond, qui nous meut depuis les origines – sans que, finalement, nous ayons su l'interpréter – et la poursuite effrénée de la satisfaction de tous nos besoins. La désillusion est cruelle et enferme l'homme dans un non-sens plus perceptible qu'à aucune autre période de l'Histoire. Même Sartre, aujourd'hui, fait figure d'illuminé dogmatique !

Après avoir cru que c'était la satisfaction de tout besoin qui conduisait au bonheur, nous sommes certains aujourd'hui que le bonheur nous échappe, tel un dieu mort qui n'aurait laissé en nous, dans un dernier élan de sadisme, que son inaccessible adresse.

Un dévoilement possible ?

Mais peut-être le diagnostic peut-il être tout autre… ?

Pourrions-nous concevoir que l'humanité a été conduite à ce divorce pour prendre enfin conscience d'un projet d'ensemble véritablement constructif, à développer ensemble, justement ? Sortir de l'illusion et de la duperie, pour douloureux que ce soit, n'ouvre-t-il pas sur un dévoilement finalement salutaire ?

Notre désir universel ne pourrait-il avoir, enfin, un véritable avenir ?! La découverte de sa vraie nature – nonobstant l'utilité et l'agrément de la satisfaction des besoins – ne nous ouvre-t-elle pas un regard véritablement nouveau sur le monde et sur notre quotidien ?

Il deviendrait alors possible de repenser en profondeur nos relations professionnelles, sociales, familiales et amoureuses, de passer du cynisme à la confiance, du repli sur soi à l'ouverture, de la guerre à la paix : du stress… à plus de sérénité !

Il y aurait enfin, à l'Ouest, quelque chose de nouveau !

Bibliographie

E. ALBERT, *Comment devenir un bon stressé*, éd. Odile Jacob, 1994.

H. SELYE, *Le stress de la vie*, éd. Gallimard, 1990.

P. LEGERON, *Le stress au travail*, éd. Odile Jacob, 2003.

D. ANZIEU, *Le Moi peau*, éd. Dunod, 1995.

Dr C. ANDRE, *La gestion du stress*, éd. Bernet-Danilo, 1998.

C. DONATI, *Le stress intelligent*, éd. Démos.

Dr D. HOARAU, *Apprivoisez votre stress*, Éditions d'Organisation, 2001.

P. STENGERS, I. Prigogine, *La Nouvelle Alliance*, éd. Gallimard, 1986.

J. LACAN, *Écrits*, éd. du Seuil, 1999.

F. DOLTO, G. GÉREAULT, *La difficulté de vivre*, éd. Gallimard, 1995.

Index

A
accommodation 68
adaptation 16, 20, 35, 63
agression 16, 25, 31
agressions 21
aide 64
angoisse 28
anxiété 19
appréhension 18
assimilation 68
autrui 103

C
cause 78
choc 23
conscience 33
contraintes 24
crainte 18
crise 22, 101

D
désir 39, 53, 65, 104
développement 56

E
écoute 63
émotion 23, 32
évolution 68

F
fantasmes 24
frayeur 18

G
gestion 7, 54, 58, 77

I
identité 44, 46
image 51
imaginaire 27, 52
inconscient 46
inquiétude 18
intégration 69
Internet 27

M
manque 53
milieu 36
Moi 43, 50

motivation 61

O
ouverture 103

P
panique 18
personnalité 49
peur 17
progrès 26, 103

R
reconnaissance 76, 101
réel 37, 52
relation 52
relations 24, 34
représentations 33

S
servitudes 23
signe 78
stimulation 61
stimulations 35
stress 15, 25, 49, 54, 57, 75, 78
sublimation 40
symbolique 52

T
temps 61
terreur 18
traumatisme 22
travail 60
trépidation 26

V
vivre 30

www.ingramcontent.com/pod-product-compliance
Lightning Source LLC
Chambersburg PA
CBHW050841160426
43192CB00011B/2108